Las amazonas de España
La hazaña mayor de Alcides

CLÁSICOS HISPÁNICOS
Nueva época, n°. 15

Las amazonas de España
La hazaña mayor de Alcides

José de Cañizares

Estudio y edición a cargo de
Ignacio López Alemany

Iberoamericana – Vervuert

Madrid – Frankfurt
2018

Derechos reservados

© Iberoamericana, 2018
Amor de Dios, 1 – E-28014 Madrid
Tel.: +34 91 429 35 22 - Fax: +34 91 429 53 97

© Vervuert, 2018
Elisabethenstr. 3-9 – D-60594 Frankfurt am Main
Tel.: +49 69 597 46 17 - Fax: +49 69 597 87 43

info@iberoamericanalibros.com
www.iberoamericana-vervuert.es

ISBN 978-84-8489-248-9 (Iberoamericana)
ISBN 978-3-95487-933-5 (Vervuert)
ISBN 978-3-95487-934-2 (e-book)

Depósito Legal: M-24549-2018

Imagen de portada: *Retrato de Isabel Farnesio vestida de cazadora*. Diego de Cosa y Matías de Irala, 1715. Grabado. Biblioteca Nacional de España, IH 4505/1.

Diseño de la cubierta: Rubén Salgueiros

Impreso en España
Este libro está impreso íntegramente en papel ecológico sin cloro.

ÍNDICE

Todo es burla,
sino leña seca para quemar, caballo viejo para cabalgar,
vino añejo para beber, amigos ancianos para conversar
y libros viejos para leer.
Alfonso V de Aragón

Dedicado a J. E. Varey y Margaret R. Greer

AGRADECIMIENTOS

Me encontré por primera vez con estos textos cuando estaba trabajando en el libro de *El teatro palaciego en Madrid: 1707-1724. Estudio y documentos* (2006), con lo que la deuda que entonces contraje con J. E. Varey, Margaret R. Greer y Charles Davis ahora se incrementa con la publicación de este estudio y edición. El aprendizaje humano y académico que supuso aquel libro me ha acompañado todos estos años y nunca podré agradecer suficientemente la confianza que entonces depositaron en mí.

En los últimos años, este trabajo ha ido creciendo gracias al impulso del grupo de investigación creados en torno a CELES XVII-XVIII (Centro de Estudios de la Literatura de Entre Siglos, siglos XVII-XVIII), que dirige Alain Bègue desde la Universidad de Poitiers, Francia, y el grupo IULCE, Instituto Universitario «La Corte en Europa», de la Universidad Autónoma de Madrid, España, dirigido por el historiador José Martínez Millán y, más recientemente, por Manuel Rivero Rodríguez. Sin el impulso de estos encuentros científicos, conversaciones, debates y publicaciones, probablemente, no habría podido terminar este trabajo.

INTRODUCCIÓN

El teatro español del cambio dinástico aparece las más de las veces como un espacio anónimo —innombrado— que queda eclipsado por los dos monumentos literarios y culturales del declinar del Antiguo Régimen: el Barroco y el Neoclasicismo. Se trata de un espacio en ocasiones referido como Postbarroco, Tardobarroco, Barroco tardío, recientemente también como Bajo Barroco e, incluso, con el marbete de Rococó[1]. No obstante, el uso de una u otra etiqueta usualmente acaba derivando hacia un debate tal que acaba por consumir el propio contenido que tratan de designar. Independientemente del tejuelo que le queramos asignar, este momento de la historia literaria es habitualmente considerado un período epigonal, anacrónico, carente de originalidad y más preocupado por la imitación de modelos heredados que por desarrollar una literatura propia. Es decir, una etapa artística y literaria que únicamente forma parte de lo que muere, pero no de lo que nace.

Se trata de un período considerado en ocasiones como «lamentable» o como «páramo literario» (Checa Beltrán 1998: 31 y 2003: 1521). François López lo describe de una forma aún más expresiva al comentar que cuando tuvo lugar la entrada pública del rey Felipe V en Madrid, en 1701, se dispuso un monte Parnaso en el que se encontraban los mayores ingenios de España: Lope, Quevedo, Calderón, Zárate y Góngora, pero, afirma el investigador, si en el advenimiento al trono de Fernando VI —cuarenta y cinco años más tarde— se hubiera construido otro Parnaso, este habría sido muy semejante al anterior y casi sin variaciones. Quizá ninguna (2004: 513-514).

---

[1] Para una discusión acerca de la pertinencia de algunos de estos marbetes, véase Cañas Murillo (1996).

En lo que se refiere específicamente al teatro, es bien conocido que los autores más representados en los teatros públicos de la primera mitad del siglo XVIII eran aquellos de la centuria anterior y, principalmente, Calderón (Andioc 1987). En el teatro palaciego, no obstante, la balanza está algo menos descompensada debido a la costumbre de celebrar los cumpleaños de los miembros de la familia real, nacimientos y otros sucesos especialmente felices con comedias nuevas de los autores más relevantes del momento. Asimismo, tenemos suficiente documentación como para afirmar que, tanto en el Salón Dorado del Alcázar, como en los palacios reales de la periferia madrileña, abundaban también las representaciones francesas e italianas (Kamen 2001: 104; López de José 2006: 129-139). No obstante, es evidente que la autoridad de Calderón se extiende de forma incontestable también a los teatros palaciegos. Sirva como muestra la coronación del nuevo rey, Luis I, en 1724, en la que se representa una refundición de su comedia mitológica *Fieras afemina amor* que, aunque ya estrenada en 1672 en el mismo Coliseo del Buen Retiro, se vuelve a llevar a escena para celebrar el comienzo del reinado del nuevo monarca.

Los dramas mitológicos cortesanos de Calderón y sus seguidores constituían un género único en España, pero tampoco eran algo excepcional. Este drama forma parte de una corriente europea de espectáculos que funcionaban como instrumento y expresión de la monarquía absolutista para mostrar y resolver rivalidades tanto dentro como fuera de la corte mediante la manifestación de la *potestas* del propio rey. Seguían el principio de Maquiavelo de disuadir —casi paralizando— a posibles enemigos internos o externos mediante asombrosas demostraciones de poder y riqueza que se plasmaban en fastuosas escenografías, música, vestuario, así como también la disposición del público (Greer 1991: 7). Es decir, eran espectáculos enraizados en aspectos poco apreciados —al menos comparativamente— por las poéticas posteriores ya que, al ser elementos que apelaban a los sentidos en lugar de a la racionalidad, los ilustrados pensaban que el discurso literario corría el riesgo de quedar eclipsado o, por lo menos, limitado. Santos Díez González explica en las *Instituciones poéticas* (1793) que, en estas circunstancias, el poeta no puede crear «argumentos de razonamientos largos, y reflexiones que son del género instructivo», ya que la música no puede seguir este tipo de parlamentos si no es en forma de largos y monótonos recitados (Checa Beltrán 1998: 219).

También hoy en día, aquellos mismos elementos —la elaborada escenografía, música y trajes, etc.— que en su momento habían sido eficaces armas políticas para las cortes europeas del Antiguo Régimen, quizá sean ahora, al menos en parte, motivo de la desafección de la crítica literaria y de los aficionados al teatro. Ya sea por preferencia o por formación, lo cierto es que desde nuestras primeras historias del teatro y hasta muy recientemente, se ha relegado el análisis de códigos de comunicación no verbal —tan importantes en estos dramas mitológicos— en favor del análisis de la racionalidad textual. Adicionalmente, la gran influencia de las críticas de Luzán a la representación de dramas musicales (*Poética* 394) ha lastrado también su plena consideración dramática.

Hacia finales del siglo XVIII, las críticas se atemperarían algo, pero ya sería tarde para la recuperación de los dramas mitológicos, y si los que escribió Calderón ya habían caído en el olvido, ¿qué no sería de aquellos compuestos por Antonio de Zamora o José de Cañizares? Aún habría tiempo, no obstante, para la incipiente ópera de corte que en España había heredado el espacio dejado por el drama mitológico en las grandes celebraciones cortesanas. Checa Beltrán (1998: 218-222) ha estudiado la progresiva aceptación de la ópera en la España ilustrada, refrendada e impulsada por su inclusión en las *Instituciones poéticas* (1793) de Santos Díez González. No obstante, como ya vimos, su consideración en este tratado será aún inferior y displicente por la estimación de que estas representaciones eran incapaces de alojar largos razonamientos o reflexiones complejas que eran, entonces, una característica imprescindible de todo buen drama.

Con esto no se quiere decir que la crítica literaria sea responsable de la falta de investigación e inexistencia de público para los dramas mitológicos. Muy al contrario, quizá un mayor problema sea que estos dramas mitológicos hayan sido únicamente objeto de estudio literario —si bien marginal— pero hasta ahora no hayan formado parte de la historia política, diplomática, social, económica, e incluso musical, si bien en este último caso contamos con algunas recientes excepciones, como el cuarto volumen de la *Historia de la música en España e Hispanoamérica: La música en el siglo XVIII* publicada por el Fondo de Cultura Económica (2014).

De otra parte, este retraso en los estudios del teatro con música se deriva casi de forma natural de un gusto dramático que siempre ha privilegiado la palabra hablada sobre cualquier otro signo; lo que Patrice Pavis ha denominado como «posición logocéntrica» de nuestro teatro occidental (1980: 505-506). Con todo, estos «dramas con música» han encontrado poco a poco hospedaje en los arrabales de nuestros manuales de historia del teatro (Arellano, Huerta Calvo, etc.) y, como hemos visto, también en las recientes historias de la música. El caso de España no es, desde luego, tampoco un caso excepcional, sino un ejemplo más de las consecuencias del logocentrismo dramático europeo. Incluso la ópera italiana era considerada como algo fundamentalmente literario en la historiografía italiana del siglo XVIII y comienzos del XIX, relegando así a un papel secundario el desempeñado por la música en estas representaciones. Entonces, se interpretaba la denominación de *drama per musica* como un acontecimiento primordialmente literario para el que los elementos espectaculares y musicales eran algo accesorio, adjetival (Bianconi y Walker 1984: 212).

Esta condición secundaria de los «dramas con música» en las historias de teatro español se encuentra, pues, en sintonía con el vacío crítico sobre un teatro que se considera inferior y sin interés y, por tanto, ha acabado por ser un teatro de nadie. Por consiguiente, una mejor comprensión de este teatro es difícil, ya que escasean las ediciones modernas —e incluso las antiguas— que puedan aproximarlo al público aficionado e incluso al académico. Naturalmente, aquí siempre podríamos preguntarnos si ha sido antes el huevo o la gallina, pero en realidad ese camino acabaría por resultar igualmente improductivo. Lo que parece necesario, no obstante, para que estos dramas susciten el interés del público y de la crítica es la preparación de ediciones especialmente atentas a los aspectos extra-literarios que determinaron su puesta en escena, tales como la música y la escenografía, pero también las condiciones políticas, económicas y sociales en que se representaron y que son, en estos casos, mucho más que meras circunstancias, son contextos que determinan y coproducen el mensaje.

Salvando la enorme distancia temporal y dramática que los separa, la comedia mitológica tiene algo en común con otras formas dramáticas también olvidadas modernamente como los espectáculos de momos y mascaradas. Ambas son formas dramáticas que no encuentran lugar en una crítica que, a pesar de los avances, aún mide la calidad de los logros dramáticos según se aproximen o no a la exitosa fórmula de la comedia barroca. Al contrario que las comedias habituales del canon de nuestro Siglo de Oro, el valor de estos espectáculos de corte no se encuentra en la consecución de una arquitectura dramática universal, autónoma y atemporal, sino precisamente en lo contrario: en su carácter efímero y en su exclusividad. La importancia de la fábula está ciertamente supeditada a esta realidad. Los méritos de ambos modelos dramáticos —la comedia y el drama mitológico— no pueden ser evaluados de la misma manera. Los logros de estas, han evaluarse según la eficacia de unos signos que, si bien comprensibles por un selecto grupo y en un momento concreto, tienden a diluirse e incluso desaparecer cuando se exportan a otros tiempos u otras geografías.

Por eso, para que la edición de una de estas obras sea eficaz ha de presentar el texto como piedra angular que sustenta y a la vez es sostenida por el resto de las piedras de arco artístico, así como por las específicas relaciones de poder de la corte, las circunstancias políticas y diplomáticas en que tiene lugar la representación, el público al que iba dirigida (no meramente el público asistente), así como la gestión y disputas económicas durante su preparación. Para ello, como es lógico, es necesario un profundo trabajo documental que destape las intimidades de las representaciones palaciegas y un mayor desarrollo teórico e interdisciplinar.

Con frecuencia, estos esfuerzos se enfrentan con obstáculos casi insuperables, como el de que a la abundancia de textos dramáticos se contrapone una escasa supervivencia de diseños escenográficos, cortinas o telones y de textos musicales. Esta es una carencia lógica de la que el recurrente incendio del Alcázar de Madrid es únicamente culpable en parte. La información disponible en archivos como el de la Villa de Madrid documenta la impresión de centenares de ejemplares de cada uno de los dramas musicales representados en el Coliseo del Buen Retiro e incluso, en muchas ocasiones, en formatos de lujo que sus beneficiarios, es de suponer, cuidarían de forma especial[2].

Por el contrario, los diseños de escenografía y la escritura musical eran habitualmente documentos de trabajo que no estaban destinados a tener una vida más allá de la propia representación y, después, quizá su archivo que, efectivamente, tenía lugar en el Alcázar madrileño. De entre estos, N. D. Shergold, y después con más detalle, J. E. Varey descubrieron y estudiaron dos diseños originales de sendos telones (o cortinas como se decía entonces). Otros diseños presumiblemente perdidos en el incendio de 1734 han podido reconstruirse por otros medios. Por ejemplo, los dibujos de Baccio del Bianco para *Andrómeda y Perseo* de Calderón o los de *Los celos hacen estrellas* de Vélez de Guevara, realizados por Herrera del Mozo, han sobrevivido a través de una copia esquemática hecha para enviarla a Austria (Egido 2009: 137).

En lo que se refiere a la música, esta era habitualmente trasladada a mano por un copista para el uso exclusivo de los cantantes y de la orquesta, pero al contrario de lo que ocurría con el libreto, luego no se imprimía ni se distribuía entre el público. Tal es así, que, cuando la reina Isabel de Farnesio gusta de alguna música se ve obligada a encargar que la busquen y se la copien (Carreras 2000: 333). Esta precariedad del testimonio musical —parte coesencial de un teatro autodenominado «teatro con música»— es, por tanto, un obstáculo difícil de salvar.

De otro lado, aunque muchos de los textos empleados casi parezcan secuelas de dramas anteriores de Calderón, o incluso sean refundiciones de sus obras, en la época hay una conciencia de que desde la llegada de la compañía de los Trufaldines en 1703, y muy especialmente desde el enlace de Felipe V con Isabel de Farnesio en 1714, se está produciendo un cambio de estilo en el teatro de corte pues, como indicaba la anteriormente mencionada nota de la Junta de Festejos de Madrid a propósito de la representación de *Fieras afemina amor* en 1724, esta misma obra hubo de arreglarse para acomodarla a lo que entonces se denomina como «estilo presente» (López Alemany y Varey 2006: 238).

---

[2] Por ejemplo, para la representación de *Las amazonas de España* (1720) de José de Cañizares y Giacomo Facco, se imprimieron 515 ejemplares, 8 en papel de Francia con cubierta de terciopelo carmesí, 37 en papel dorado (9 de ellos de Francia) y 470 en papel jaspeado (López Alemany y Varey 2006: 17).

Según parece desprenderse de la contaduría de este festejo y del encargo de la refundición del texto de Calderón a un músico de la Real Capilla, en este nuevo «estilo presente» la música cumpliría un papel fundamental. Sin embargo, como ha quedado dicho, su estudio queda obstaculizado por la escasez de testimonios musicales y escenográficos. A pesar de estas carencias, aún contamos con una enorme información documental de esta representación de 1724 que podemos contrastar con aquella de la puesta en escena original de *Fieras afemina amor* en 1672 en el mismo escenario del Coliseo del Buen Retiro y ante un público semejante. El estudio de la contaduría de esta producción, así como las modificaciones al texto de Calderón en el contexto dramático de otras obras similares representadas durante aquellos años como *Las amazonas de España* (1720), *Amor es todo invención: Júpiter y Anfitrión* (1721), *Angélica y Medoro* (1722) y *La hazaña mayor de Alcides* (1723) nos permite hacer algunas conjeturas acerca de cuál pudiera ser aquel «estilo presente» al que se refería la madrileña Junta de Festejos y se consideraba ya cristalizado de forma evidente en 1724[3].

Sin que suponga ninguna sorpresa, el estilo de este nuevo ciclo parece fundamentarse en una creciente influencia italiana sobre el drama español con el fin de lograr un nuevo equilibrio entre la música y el texto literario. Esto tiene una serie de consecuencias en la música que se compone para estos entretenimientos, pero también en la selección y entrenamiento de los actores cantantes, así como el tamaño de la orquesta, que ahora debe crecer tanto en número como en variedad de instrumentos empleados (Kenyon de Pascual 1987). Naturalmente, estos cambios sobre el escenario tienen también su reflejo contable a la hora de compensar económicamente al compositor, escritor, actores, músicos y maestros de canto por su trabajo en el espectáculo como se verá más adelante[4]. Con todo, el pago del escenógrafo —que en el caso de esta refundición de Calderón era el arquitecto de Madrid, Pedro Ribera— es difícil de determinar. Si bien es cierto que es el mejor remunerado de los tres maestros encargados de aquella representación, el pago de su trabajo no está desglosado, por lo que desconocemos qué parte corresponde exactamente a la propia representación y cuál a la construcción de los castillos de fuego y demás trabajos que realizó para la fiesta de la coronación del nuevo rey (López Alemany y Varey 2006: 239). La contaduría de otras obras del período tampoco nos resulta de gran ayuda en este sentido porque, con frecuencia, o bien se mezclan diversos servicios dentro de un mismo pago o, por el contrario, se incluye en un único pago el importe de los materiales (maderas, clavos, pinturas, etc.) junto con el trabajo realizado por el arquitecto de Madrid.

---

[3] Véase López Alemany (2013).
[4] Véase López Alemany, en prensa.

A pesar del obstáculo que supone la inexactitud en la contabilidad de estas celebraciones, la documentación que poseemos es suficiente para afirmar que en la época había una conciencia de que se había producido, o al menos se estaba produciendo, un cambio de estilo en el teatro palaciego. Se trataba este de un estilo que trataba de aunar las características dramáticas del teatro del barroco español con aquellas propias del gusto europeo de los nuevos monarcas. En definitiva, y tal y como reza la loa a la representación de *Las amazonas de España* de José de Cañizares y Giacomo Facco, en 1720, se procura hacer un tipo de comedia que fuese «en música italiana / y castellana en la letra» (loa, vv. 111-112) que trata de resolver la competición entre espectáculos «a la moda castellana» —como la zarzuela de *Todo lo vence el amor* (1707), de Antonio de Zamora y música de Antonio Literes para celebrar el nacimiento del futuro Luis I—, y los espectáculos «según el estilo y metro italiano», como el de *Decio y Eraclea* (1708) escrito y patrocinado por el conde de las Torres, Cristóbal de Moscoso y Montemayor[5].

Otro aspecto que hemos de tener en cuenta al estudiar el teatro durante el reinado de Felipe V tiene que ver con la importancia de la implicación de la reina, Isabel de Farnesio, en la producción de espectáculos. Importancia que va desde la selección directa de obras —como ocurriera con *Las amazonas de España* (1720)— hasta la propia definición de lo que suponía ese «estilo presente». Estos cambios se acelerarán notablemente tras la muerte de Luis I y, especialmente una vez que los monarcas regresen a Madrid después del paréntesis sevillano (1729-1733). A partir de entonces, Isabel de Farnesio impulsará una completa transformación en el proceso de producción de los espectáculos de corte. Annibale Scotti, su asesor, se hará cargo de la gestión del nuevo Coliseo de los Caños, que abrirá sus puertas en 1738 (Kamen 2001: 202), y ese mismo año también asumirá la gestión del Coliseo del Buen Retiro.

El primer ejemplo de estos cambios lo vemos con la puesta en escena en 1738 de la ópera de corte de Pietro Metastasio, *Alessandro nell'Indie* (1729), de la que la reina supervisará personalmente casi todos los aspectos artísticos y económicos, desde el arreglo del libreto hasta el vestuario. Así, la reina disolverá, de forma efectiva, el modelo tradicional de financiación y organización de la fiesta para hacerla depender directamente de ella misma y de Annibale Scotti (Carreras 2000: 335). Este cambio, unido a la llegada de Carlo Broschi (Farinelli) a la corte el año anterior, sentará las bases de un nuevo modelo de fiesta que buscará su inspiración en Nápoles, en cuyo trono ya se encontraba ahora el hijo de la reina, don Carlos.

---

[5] Esta obra del conde de las Torres se basa en *L'Eraclea* estrenada en Nápoles en 1700 escrita por Silvio Stampiglia y con música de Scarlatti.

Se completa así el giro italianizante de la fiesta cortesana que ahora necesitará importar libretos de obras previamente estrenadas en Nápoles y, por tanto, tendrá que encargar traducciones de estos textos italianos. Pero no solo eso, sino que este giro obligará a los reyes a contratar cantantes de prestigio internacional que puedan satisfacer las necesidades de un escenario que, después de una lenta renovación de las primeras décadas del siglo XVIII ha decidido —ahora sí— dejar finalmente atrás su pasado barroco.

Sin embargo, todo esto ocurrirá con posterioridad a las obras que aquí se editan y, aunque sea importante conocer la trayectoria en la que se insertan, tampoco debemos desviarnos del objetivo primordial de esta introducción, que no es otro que el de situar las óperas de José de Cañizares y Giacomo Facco, *Las amazonas de España* (1720) y *La hazaña mayor de Alcides* (1723), dentro del contexto histórico y dramático en que fueron concebidas.

EL DRAMA MUSICAL DURANTE LA GUERRA DE SUCESIÓN

Tradicionalmente *La historia de la Zarzuela, o sea, del Drama lírico en España, desde su origen a fines del siglo XIX* de Emilio Cotarelo Mori había sido el punto de partida de todo trabajo acerca del teatro con música en España. Desde la aparición de este libro y hasta los años noventa del pasado siglo, los diversos estudios llevados a cabo sobre el drama lírico no hacían sino sumar datos, corregir algunas inexactitudes y, en definitiva, acudir con el cántaro una y otra vez al libro de Cotarelo Mori. El musicólogo Juan José Carreras (1996: 49-50), no obstante, ya nos advertía hace más de veinte años de que, a pesar de la utilidad y vigencia de muchas de las conclusiones de aquel libro, el estudio del drama musical español estaba necesitado de una revisión crítica que reevaluara los documentos conocidos hasta ahora e hiciera una relectura crítica de los mismos más en consonancia con los detalles que hoy conocemos de la historia de la representación dramática y musical. Entre los autores que más se han esforzado en las dos últimas décadas por lograr esta renovación habría que destacar (aunque no hayan sido los únicos) al propio Juan José Carreras, William M. Bussey, Danièle Becker, Louise K. Stein, Begoña Lolo Herranz, Judith Farré Vidal, además de la sistemática publicación de documentos de la serie *Fuentes para la historia del teatro en España* a cargo de N. D. Shergold, J. E. Varey y Charles Davis.

Sin embargo, aunque cada vez sabemos más de la música dramática en el teatro español del siglo XVII, todavía queda demasiado por esclarecer en cuanto a lo que supuso la música italiana para el teatro que se representó sobre las tablas del Coliseo del Buen Retiro durante el tiempo que Felipe V (1683-1746) ejerció sus dos reinados (1700-1724 y 1724-1746), como también queda mucho trabajo por hacer en muchos otros aspectos del teatro de este tiempo, tanto palaciego como de corral, para rescatarlo del olvido crítico y situar el conocimiento del teatro de este período —la llamada «primera crisis de conciencia española» (Abellán 1998: 284)— en el nivel en el que se encuentran las investigaciones del teatro barroco hasta el fallecimiento de Calderón de la Barca.

En los últimos años, esta deficiencia se ha comenzado a subsanar gracias al creciente interés por el estudio de estos años del Barroco tardío tanto en lo poético, donde destaca, la creación de grupos de investigación específicos como CELES XVII-XVIII (Centro de Estudios de la Literatura española de Entre Siglos, siglos XVII-XVIII) radicado en la Universidad de Poitiers, Francia, y dirigido por Alain Bègue; el grupo PHEBO (Poesía Hispánica en el Bajo Barroco) perteneciente a la Universidad de Córdoba y dirigido por Pedro Ruiz Pérez —que encontró una primera plasmación en un número monográfico coordinado por el propio Ruiz Pérez en la revista *Calíope: Journal of the Society for Renaissance and Baroque Hispanic Poetry* (nº 18, vol. 1 [2012])— y el buen hacer de un puñado de estudiosos y ediciones críticas de autores de la época.

Para nuestro interés en el drama musical de comienzos del siglo XVIII y, más concretamente, en las obras de teatro palaciego en las que colaboró José de Cañizares (1676-1750), es muy destacable la atención que su teatro cortesano ha recibido últimamente; especialmente en lo que se refiere a la recuperación y edición de algunas de sus óperas[1]. Así, *Acis y Galatea*, del autor madrileño y el compositor mallorquín Antoni Literes, fue editada primero por L. A. González Martín (2002) y, aún más recientemente, por María del Rosario Leal Bonmati en esta misma colección (2011); también, *Amor aumenta el valor* (1728), escrita en colaboración con los músicos Giacomo Facco, José Nebra y Felipe Falconi, ha visto la luz gracias al trabajo de María Salud Álvarez Martínez (1999) y, cinco años más tarde, ha sido editada de nuevo por Emilio Moreno (2004). A estos trabajos es necesario sumar también a amplias monografías como la de Alicia López de José, *Los teatros cortesanos en el siglo XVIII: Aranjuez y San Ildefonso* (Madrid: FUE, 2006) y estudios documentales específicos del teatro palaciego de esta época como el de López Alemany y Varey, *El teatro palaciego en Madrid: 1707-1724. Estudio y documentos* (Woodbridge: Támesis, 2006) y un buen número de artículos y trabajos recogidos en diversas publicaciones periódicas y actas de congresos.

Tal y como ya se ha comentado, en la corte de la temprana modernidad se celebraba una gran variedad de máscaras y espectáculos o «invenciones» de muy

---

[1] También hay, evidentemente, varias ediciones modernas de teatro no musical de autores como Juan Bautista Diamante, Antonio Zamora, Bances Candamo y, por supuesto, José de Cañizares. No obstante, el teatro de la primera mitad del siglo —sea musical o no— sigue siendo mayoritariamente poco conocido.

diversa factura. Estos espectáculos simbolizaban, de alguna manera, la culminación de los entretenimientos dramáticos que se extendieron durante los siglos XVI y XVII como testigos del avance del absolutismo en la arena política europea para actuar a modo de canal de comunicación del capital simbólico del monarca a los integrantes de la corte, embajadores internacionales y al resto de las monarquías. No obstante, estos complejos y costosos espectáculos —representación paradigmática de la monarquía del Antiguo Régimen— han sido rechazados del canon por la sensibilidad moderna derivada del Neoclasicismo y la preferencia de la nueva dinastía borbónica por los espectáculos operísticos de corte italiano. Tal vez por ello, el periodo de transición entre un modelo y otro —el tiempo que corresponde al reinado de Felipe V, en el cual la comedia mitológica de tipo calderoniano trata de convivir y adaptarse a los nuevos moldes dramáticos de la ópera italiana— no ha sido nunca reclamado ni por unos ni por otros.

Las investigaciones del Neoclasicismo en España, empeñadas en borrar cualquier huella derivada del Antiguo Régimen tampoco supieron valorar suficientemente los avances dramáticos logrados durante este periodo, especialmente aquel que transcurre entre 1700 a 1724 y que coincide con el primer reinado de Felipe V y la breve estancia en el poder de su hijo Luis I. Así, la crítica literaria no ha prestado la suficiente atención a este primer cuarto de siglo XVIII que, sin embargo, constituye un momento de gran interés cultural en el que la España heredada de los Austrias trata de negociar con la nueva sensibilidad de la dinastía francesa —y con sus consortes italianas y, muy especialmente, Isabel de Farnesio— para encontrar un espacio común que le permita mantener, si bien con modificaciones, entretenimientos ya tradicionales como luminarias, toros, autos de fe y el teatro de corral, pero también espectáculos más propios del ámbito cortesano como el teatro de comedia que se representaba en el Coliseo del Buen Retiro.

Tras la muerte de Carlos II de Austria en 1700 y el comienzo de las hostilidades entre los partidarios del nuevo monarca, el francés Felipe de Anjou, y los que consideraban que el trono debía quedarse en la Casa de Austria, el ambiente no era el más propicio para el mecenazgo de las artes y, aún menos, el de un teatro que el propio monarca tenía problemas para comprender.

Durante su estancia en Italia en 1702, hecha por recomendación expresa de Luis XIV para que sus súbditos italianos tuvieran oportunidad de conocerle[2], Felipe V se aficionó al teatro con música y, especialmente al de los bufones *della*

---

[2] A este consejo de Luis XIV habría de sumarse, según Carmen Sanz, una posible admonición, ya directa, de Pedro Portocarrero, de gran influencia en el gobierno por aquel entonces, acerca de la importancia de que el monarca ejerciera la residencia en todos los territorios que dominaba (2006: 166-181).

comedia del arte, a los que contrató después a su vuelta a España (Kamen 2001: 18; Lolo Herranz 2009: 163; Morales 2007: 169)[3]. El malestar entre los franceses de la corte española fue evidente, pues no podían comprender que el rey prefiriera los divertimentos cómicos de los italianos a las tragedias de Corneille y Racine (Morales 2007: 173), y es de suponer que el descontento aumentara aún más tras el despido de los músicos franceses para ser sustituidos por italianos.

Meses después de su llegada a Madrid, la compañía de actores italianos representaría en el Coliseo del Buen Retiro, la «allegorie comiche» de *Il Pome d'Oro* para festejar el santo de la reina y, también, del rey francés, Luis XIV. De entre todos los comediantes, parece que la máscara de «Truffaldino» triunfó en el gusto del público español que pronto bautizó a la compañía italiana como la de «los Trufaldines» (Bajini 1997: 120).

Los comediantes italianos disfrutaron inmediatamente de un notable éxito de público, por lo que pronto se instalaron de forma permanente en la capital con ciertas ventajas fiscales que levantarían también numerosas envidias y protestas entre las compañías españolas de comediantes y arrendadores de los corrales de la Cruz y del Príncipe, que consideraban que la instalación de este «corral de Trufaldines» en una casa de la calle de Alcalá perteneciente al marqués de Villamagna, constituía una clara competencia a sus ya establecidos escenarios y, sobre todo, una violación de las disposiciones del Ayuntamiento en cuanto a la apertura de corrales para representar (Doménech Rico 2007: 35).

No obstante, los continuos avatares de la llamada Guerra de Sucesión, hambrunas y constantes ausencias del monarca en el campo de batalla o en viajes a los que le acompañaba gran parte de la nobleza[4], hacían muy difícil mantener el espíritu festivo necesario para la organización de grandes espectáculos, con lo que, durante esos años, fueron muy limitadas las ocasiones en que se abrieran las puertas del Coliseo para la representación de grandes producciones. A pesar de ello, la reina pudo continuar disfrutando de estos pasatiempos en sus propias habitaciones de palacio, a donde comenzó a llamar a menudo a la compañía italiana para hacer comedias simples que, en la documentación, también aparecen referidas frecuentemente como «particulares».

Estas representaciones no requerían ningún tipo de aparato y casi se podían improvisar en pocas horas. Así, por ejemplo, el 29 de septiembre de 1704, el marqués de Rivas le escribía al marqués de Villafranca para que dispusiera inmediatamente de la compañía italiana porque, escribe, «El Rey nuestro Señor

---

[3] En este viaje conocería de primera mano la ópera italiana, incluyendo *Tiberio*, de Alessandro Scarlatti.

[4] Además de la mencionada ausencia por su viaje a Italia, el rey también tuvo que ausentarse de Madrid con gran parte de la nobleza de compañía entre 1706 y 1707.

quiere tener comedia de la farsa ytaliana esta tarde a las cinco en el quarto de la Reyna nuestra Señora». Estas peticiones no eran extrañas, al poco tiempo, el 12 de octubre del mismo año, los mismos se comunicaban por carta con motivo de que el rey había dispuesto que se hiciera otra comedia italiana en el cuarto de la reina (Greer y Varey 1997: 216), costumbre que continuará hasta la abdicación del monarca en 1724[5].

Durante los primeros años del reinado de Felipe de Anjou, las escasas grandes producciones del Buen Retiro[6] no sufrirían profundas transformaciones formales o temáticas respecto de sus predecesoras en los reinados de Felipe IV y Carlos II (Bussey 1982: 50-51). El año 1704, como estudia Begoña Lolo Herranz (2009: 171-174), fue especialmente productivo para el teatro con música, pues en ese año el Coliseo del Buen Retiro se abrió al menos en cinco ocasiones para recibir las comedias de *Las amazonas*, de Antonio de Solís y Rivadeneira; la primera parte de *La hija del aire*, de Pedro Calderón de la Barca; *Hasta lo insensible adora*, de José de Cañizares, con loas de Salvo y Vela; *Áspides hay que son basiliscos*, de Antonio de Zamora y *El jardín de Falerina*, de Pedro Calderón de la Barca y que fue refundida por Antonio de Zamora.

El cambio de fortuna en el transcurrir de la Guerra de Sucesión hizo que el ritmo de la vida teatral cortesana se interrumpiera abruptamente para únicamente volverse a retomar con el nacimiento del nuevo príncipe heredero en 1707. El príncipe Luis estaba llamado a ser el primer rey Borbón nacido en España y su nacimiento era, por tanto, de gran trascendencia política en un país que llevaba siete años de guerra por los derechos sucesorios del último de los monarcas de la Casa de Austria.

En esta ocasión, la Junta de Festejos decidió mantener una clara línea de continuidad con las celebraciones de la dinastía anterior, de manera que se tomaron como modelo los fastos organizados en 1629 para el príncipe Baltasar Carlos. Esta práctica de mirar atrás, hacia la tradición en ocasiones similares, con la intención de imitarlos, no era, desde luego, una práctica infrecuente entre los Austria ni, en general, en las monarquías europeas y, aunque es posible que en esta celebración se pueda detectar una cierta preocupación por enfatizar

---

[5] Además de en el Coliseo del Buen Retiro, también era común que se hicieran pequeñas representaciones en distintas dependencias del palacio, como en las habitaciones de la reina, así como el Salón del Alcázar de Madrid o en otras dependencias palaciegas, el Sitio de Aranjuez, en 1716, e incluso el otrora severo Escorial, en 1717 y, en 1723, el Sitio de la Granja. Para un listado de estas representaciones durante este período, puede consultarse María del Rosario Leal (2006: 470-472) o la «Lista cronológica de representaciones palaciegas: 1640-1721» de Greer y Varey (1997: 223-230).

[6] Para estas primeras producciones del reinado de Felipe V, consúltese Begoña Lolo Herranz (2009).

aún más la línea que unía de forma ininterrumpida ambas dinastías (López Alemany y Varey 2006: 35)[7], el gran objetivo seguía siendo, sin lugar a dudas, ganar la legitimidad mediante contundentes victorias en el campo de batalla. La comedia se le encargó a uno de los habituales de confianza de la corte y que ya había trabajado con el monarca anterior, Antonio de Zamora, gentilhombre de la Casa del Rey y oficial de la Secretaría de Nueva España, que escribiría *Todo lo vence el Amor*[8] para levantar la cortina el 17 de noviembre. Esta zarzuela, escrita «a la moda castellana», según explicita el personaje de España al comienzo de la obra, se presenta como un obsequio de la ciudad de Madrid que, como puede apreciarse, ve necesario establecer una separación entre los modos dramáticos tradicionales («a la moda castellana») que se oponga y se reivindique frente al estilo italiano de los Trufaldines a los que protegían los monarcas.

Al año siguiente, 1708, se representaron *Ícaro y Dédalo*, de Melchor Fernández, con motivo de la onomástica del rey y, poco después, la zarzuela *Decio y Araclea*, para celebrar el cumpleaños del príncipe. Por último, para celebrar «los años» de Felipe V, se representaría este mismo año la ya mencionada comedia *Acis y Galata*, escrita por José de Cañizares y puesta en música por el mallorquín Antoni Literes.

Unos meses más tarde, ya en 1709, y con motivo del juramento del príncipe, Antonio Zamora y José de Cañizares trabajaron casi al alimón en la comedia mitológica *Con música y por amor*, sobre el mito de Orfeo y Eurídice, para la cual Zamora escribió la primera jornada, mientras Cañizares realizó la segunda (López Alemany y Varey 2006: 82).

La situación de la guerra volvería a recrudecerse y la economía de la península se deterioraría hasta el punto de que los pagos de los modestos espectáculos que aún llegaban a las tablas del Buen Retiro quedaban en ocasiones sin satisfacer, como recoge Gaspar Jirón en una carta a José de Grimaldo, donde se escribe «deuo acordar a V.S. quántas representaciones tengo hechas al Rey [...] y quám imposible es su cobranza, pues en el discurso de tres años aún no se ha podido entregar 60.000 reales [...] dejando a la Real comprensión de S.M. el tiempo que nezesitaría esta probre jente [los actores] para hazerse pago, sin

---

[7] La continuidad dramática entre los Austria y la primera etapa de Felipe V llega a extenderse incluso a los territorios americanos, como bien explica José Antonio Rodríguez-Garrido (2002).

[8] Aunque *Todo lo vence el Amor* aparece publicada por Zamora en sus *Comedias* (1744), Medel la atribuye a Calderón, en cuyo caso, la de Zamora no sería más que una adaptación de la que con el mismo título se representó el 31 de enero de 1697 en palacio a cargo de las compañías de Carlos Vallejo y Juan de Cárdenas. Cfr. «Lista cronológica de representaciones palaciegas: 1687-1699. 1695-1698. Descuentos de Velasco Vanga» en Shergold y Varey (2006: 297).

que de esto aya hauido ejemplar hasta aora» (López Alemany y Varey 2006: 92-93)[9].

Con un heredero autóctono, el príncipe don Luis Fernando, y la conclusión de la guerra en 1714 se puede decir que la dinastía Borbón estaba asentada por fin en el territorio. Ese mismo año y, tras una brevísima viudedad —los seis meses de luto prescritos por el fallecimiento de miembros de la familia real—, el rey se casa en segundas nupcias con la princesa de Parma, Isabel de Farnesio. A partir de entonces, y con toda seguridad, también con la intención de complacer a la nueva reina, el teatro de corte comenzará a decantarse aún más hacia formas dramáticas similares a las del resto de Europa y, en definitiva, más en consonancia con la ópera italiana con la que ambos monarcas estaban más familiarizados y de la que, como se ha explicado, el rey quedó prendado durante su viaje a Italia.

No obstante, tampoco es conveniente exagerar el conocimiento que el rey pudiera tener tanto de la ópera como del teatro antes de su llegada a Madrid. Si hemos de creer a la duquesa de Orleans, Felipe de Anjou no asistió a ninguna representación dramática hasta 1698. Con anterioridad —nos dice— el duque de Anjou habría vivido en un «horrible aislamiento» sin acudir a ninguno de los espectáculos de la corte y únicamente a la música en los «appartement» (Bottineau 1986: 116-117). Cuando finalmente tuvo oportunidad de asistir a una representación, en 1698, dice la duquesa que el futuro monarca español «era tan feliz que permanecía allí atónito, como en éxtasis, mirando fijamente al escenario» (Bottineau 1986: 117). Con respecto a la ópera italiana, su primer contacto no sería sino hasta el mencionado viaje a Nápoles en 1702.

La nueva reina, Isabel de Farnesio, por el contrario, desde muy pequeña fue aficionada a la música y al teatro. No obstante, a su llegada a España encontró grandes dificultades para comprender las comedias españolas, cuyas convenciones dramáticas y lengua desconocía y, en realidad, nunca llegó apreciar. Las funciones francesas, en consecuencia, aumentaron considerablemente en número, y las italianas —que ya eran abundantes con la anterior reina— para disgusto de la importante facción francesa de la corte española, ahora se multiplicarían. De especial gusto de los monarcas seguiría siendo la Compañía de los Farsantes Italianos, que ya había comenzado a representar anteriormente en el teatro de los Caños del Peral en 1706, aunque acabó disolviéndose en 1716. No obstante, la nueva compañía italiana, bajo la dirección de Francisco Neri, logró en poco tiempo hacerse habitual de los entretenimientos de la corte y, hasta tal punto era del agrado de la reina, que en 1718 representaban una media de tres

---

[9] Para hacerse una idea de lo que suponían estas representaciones para las arcas reales, así como las críticas y protestas públicas que podían llegar a generar durante la dinastía anterior puede verse Díez Borque (2009).

veces por semana en las jornadas de los reyes en el palacio de El Pardo (Kamen 2001: 104)[10].

Isabel de Farnesio poseía una formación cultural exquisita y, además de su conocimiento del teatro, destacaba su afición a la lectura —en la correspondencia con su madre e hijos hace referencias precisas a Cervantes y Swift (Bertini 2002: 420)[11]—, la pintura y a la música que, además, practicaba con gran habilidad. Tenía preferencia por la música italiana sobre la francesa y la española, y poseía un oído privilegiado que le permitía saber cuándo una ópera había tomado prestado un aria o un fragmento musical de otra obra (Bertini 2002: 424).

Como es natural, las compañías españolas, al ver peligrar su futuro ante la amenaza de los Farsantes Italianos, hicieron un esfuerzo por adaptarse y ampliar sus repertorios y técnicas de representación para poder competir por el favor de una reina cuya influencia era determinante para la representación de comedias tanto en el Coliseo del Buen Retiro como en los Reales Sitios que rodeaban Madrid, según muestra de forma clara la documentación de la época. El dominio que ejercía la reina sobre el teatro se muestra no únicamente en el trato de favor a las compañías italianas sobre las madrileñas[12], sino que llegaba a la ocasional selección personal de los títulos que las propias compañías españolas habían de representar en el Coliseo como podrá verse más adelante (López Alemany y Varey 2006: 106).

---

[10] Véase también Alicia López de José (2006: 135); Margarita Torrione (2004: 753-789).

[11] Felipe V también era un buen conocedor de la obra de Cervantes y, en concreto, de *Don Quijote*. Siendo un niño de nueve años, y después de escribir el resumen de la novela como ejercicio de clase, hubo de ejercitarse con la escritura creativa en una actividad lectiva creando un tomito de seis capítulos con «nuevas» aventuras del héroe caballeresco (Torrione 2002: 71-74).

[12] La competencia en el negocio de los teatros no se limita, lógicamente, únicamente a las compañías de representantes, sino también a los arrendadores de los corrales de comedias de Madrid, que veían cómo el teatro de los Caños del Peral incumplía las condiciones impuestas por el Ayuntamiento con total impunidad.

LA LLEGADA DE ISABEL DE FARNESIO Y EL CICLO DRAMÁTICO DE 1720-1724

A la muerte de la reina María Luisa de Savoya (1688-1714) el 14 de febrero de 1714 a causa de una tuberculosis, comenzó casi inmediatamente la búsqueda de una nueva esposa para Felipe V. De esta forma, después del requerido medio año de luto, pudo anunciarse el matrimonio del rey Felipe con la princesa de Parma, Isabel de Farnesio (1692-1766) (*Crónica festiva* 1998: 83). Este segundo matrimonio era, además, una excusa perfecta para reiniciar las reclamaciones de la Corona española en la península italiana. De hecho, y aunque parte de la historiografía se haya empeñado en lo contrario, lo cierto es que Isabel de Farnesio no es la responsable del giro italiano de la política española del momento sino, más bien, el síntoma de un interés que ya existía. Las nupcias entre Felipe e Isabel son la consecuencia y no la causa de estos intereses. Como es natural, el nuevo matrimonio también incrementó el número (e influencia) de italianos en la corte, pero este proceso ya había sido iniciado por la princesa de Ursinos como un modo de controlar la facción francesa y la de los grandes de España en su disputa por el poder en la corte madrileña.

El príncipe de Mónaco, que conoció a la reina Isabel cuando se encontraba camino de España para conocer a su marido, la describe de la siguiente forma:

> Esta reina no es ni alta ni baja, pero su talla me ha parecido muy proporcionada; su rostro es más bien alargado que ovalado. La viruela le ha dejado algunas marcas y cicatrices, pero su cara no resulta desagradable. El conjunto está mejorado por una gracia infinita en la cabeza noblemente diseñada y sobre todo en los ojos azules, que sin ser grandes son brillantes y expresivos, e irradian fuego. La boca es bastante grande y cuando ríe deja ver unos dientes muy bonitos [...] Y ese no es

el único atractivo de su boca, de ella sale una voz encantadora y continuas frases de la más exquisita cortesía. Me aseguran que su corazón la ilumina y se dice que nunca hubo un corazón tan grande en Lombardía como el suyo [...] por su ánimo se la tomaría por una florentina [...] El español es la única lengua que no sabe [...] Ama apasionadamente la música, la conoce perfectamente y toca el clavicordio [...] A sus demás talentos une el de pintar muy bien [...] Parece tener un humor muy alegre. Le gusta montar a caballo y dicen que lo hace con mucho atrevimiento. La caza es uno de sus más intensos placeres y me han asegurado que tira bastante bien sobre las aves de vuelo duro [...] Su voluntad es muy fuerte (cit. Pérez Sampe: 2003: 21-22).

En esta descripción, ciertamente más benévola que otras que podemos encontrar de diplomáticos destacados —y quizá también con más intereses en la corte— podemos ya adivinar algunas de las cualidades personales, estrategias y áreas de poder en las que la nueva reina ejercitará su influencia sobre el rey, la política internacional y la corte de Madrid.

Desde el momento de su llegada a España, Isabel de Farnesio cuestionó el papel desempeñado tradicionalmente por las reinas en la Europa del Antiguo Régimen. Así, comenzó a desarrollar un nuevo modelo de consorte que abrazaba todos los aspectos de su personalidad como esposa amorosa y dedicada, pero también como una reina inteligente, bien educada, física y mentalmente fuerte, profundamente religiosa, muy privada en lo personal y de gran ambición política. Al fin y al cabo, Isabel de Farnesio no era únicamente consorte del rey Felipe V, sino que también era heredera legítima del trono de Parma. Su educación, obligación y ambición, por tanto, iban más allá de sus obligaciones como esposa del rey y madre —o madrastra— de sus hijos. Ella había sido educada para ostentar la corona de Parma y ejercer su autoridad desde el trono. En otras palabras, Isabel quería reinar junto a su marido y, para ello, debía de cambiar la visión que de la misión de la reina se tenía en la corte en un tiempo en el que aquello parecía especialmente difícil; justo un año después de la proclamación de la Ley Sálica que, desde 1713, eliminaba a las mujeres de la línea de sucesión al trono y, con ello, las relegaba a una posición secundaria dentro de la familia real. A pesar de ello, la reina conseguirá elaborar un plan para asegurar su presencia en los lugares en los que se tomaban las decisiones de gobierno y, así, situarse siempre junto al centro del poder: el rey. Su estrategia, descrita por Saint-Simon (1933: 16-17) y estudiada en detalle por Vázquez Gestal (2013: 205-224), requería un completo monopolio del tiempo y el espacio del rey (tanto el espacio público como el privado), el control sobre los nombramientos de la Casa Real, así como un progresivo aumento de sus responsabilidades, algo que logró gracias a sus encuentros personales con embajadores, una participación activa en los debates políticos y desempeñando un papel imprescindible en el proceso de la toma de decisiones por parte del rey[1]. Su éxito fue tal que Saint-Simon consideraba fundamental para cualquier diplomático o cortesano lograr el favor de la reina para cualquier petición que se quisiera hacer al rey, ya que sin su influencia nada era posible (1933: 17).

La reina disfrutaba con la participación en estas conversaciones y de su influyente posición dentro de la corte. José Joaquín Benegasi y Luján, en un poema funerario dedicado a la reina bajo el título de «Canción heroyca», declara que

> Con los embajadores,
> con los ministros y con los señores,
> tan discreta y preciosa se portaba,
> que con su discreción los cautivaba,
> con su viveza, con su chiste y modo,
> que siempre tuvo gracia para todo (p. 22).

Aunque no es, evidentemente, un retrato muy objetivo de la reina, no obstante, estos versos sí que nos dan una idea de los encantos que demostraba en sus relaciones con aquellos en posiciones de responsabilidad política. En otro momento de esta misma «Canción heroyca», el poeta enfatiza el carácter y determinación de la reina apuntando a su poder en la corte al decir que «en tantos lustros de su augusto enlace / nuestra amada Belisa [Isabel] dize y hace» (p. 21).

Sin embargo, no todas las visiones son tan favorables a la participación activa de la reina Isabel en la política nacional e internacional, más bien al contrario. La mayor parte de la historiografía de la época, y aun en la actualidad, considera que era una mujer manipuladora y egoísta que se aprovechó de la debilidad mental de su esposo. Una reputación que, sin embargo, tiene un fundamento histórico demasiado frágil y que, como tal, ha sido refutada en los últimos años (Kamen 2001: 105). Isabel de Farnesio era, desde luego, una mujer llena de una ambición política que era difícil de satisfacer siguiendo los cauces habituales dentro de la organización del poder de las cortes del Antiguo Régimen, por lo que hubo de hacer uso de estratagemas y métodos quizá poco ortodoxos pero viables para ella. Así, el primer objetivo de Isabel sería acaparar el máximo tiempo posible del rey, tanto del dedicado al ocio, como de aquel consagrado a los asuntos de estado. Estar el mayor tiempo posible junto al monarca y, a ser posible, alejados del resto de los cortesanos, le abría numerosas posibilidades de

---

[1] Según explica Saint-Simon, después del desayuno, el marqués de Grimaldo llevaba a la cama de los reyes los asuntos de despacho más urgente. Entonces, aún desde la cama, el rey y el marqués atendían a estos asuntos mientras la reina, sentada en la cama junto a su marido, hacía algún tipo de labor o bordado a la vez que participaba activamente en las deliberaciones (1933: 24).

influir en el rey sin tener que disputar con sus consejeros (Pérez Samper 2003: 99, 136-145).

Los pasatiempos favoritos de Felipe V eran la caza y el sexo (Saint-Simon 1933: 15), y para ambas actividades estaba convencido de tener la mejor compañera posible en la reina Isabel. En lo que se refiere a lo que algunos observadores han denominado como un excesivo apetito sexual del rey, hay que hacer notar que este siempre tuvo lugar dentro de sus dos matrimonios y que, al contrario de lo que era la costumbre en el palacio de Versalles, donde se crio, no parece que el rey mantuviera ningún tipo de relación con otras mujeres (Kamen 2001: 106; Pérez Samper 2003: 36). Algunos incluso han sugerido que las relaciones sexuales tenían un efecto terapéutico en Felipe V, ya que le servían como mecanismo estabilizador de su salud mental y, de alguna forma, reducían los episodios bajos del trastorno bipolar que sufría (Kamen 2001: 106; Pérez Samper 2003: 91-93).

Felipe V comenzó a cultivar su otra pasión, la de la caza, durante su infancia, cuando salía escopeta en mano en compañía de su abuelo y sus hermanos por los bosques de Fontainebleau (Torrione y Torrione 2002: 64-65). La reina Isabel era también una excelente amazona y cazadora, actividades que también aprendió de niña, y ambos gustaban de pasar jornadas completas en los bosques de las afueras de Madrid alejados de la corte y de todas sus influencias (Saint-Simon 1933: 31-34; Pérez Samper 2003: 325-330). Una nota de la *Gaceta de Madrid*, antecedente del actual *Boletín Oficial del Estado*, hacía público, el 7 de enero de 1715, que el día anterior, la reina, con ropas masculinas, había salido a cazar y se había cobrado varias piezas, entre ellas, dos venados, un oso y un conejo, al cual hubo de perseguir a lomos de su caballo (Armstrong 1892: 40). Naturalmente, para la reina, estas excursiones cinegéticas, además del placer de la caza en compañía de su marido, le proporcionaban también gran cantidad de tiempo a solas con él para discutir tanto asuntos personales como otros de estado sin las posibles interferencias de los consejeros del rey o de los grandes de España.

Además de estas dos diversiones, el rey también disfrutaba de la música y, muy especialmente, del teatro con música. El nuevo rey se había iniciado en las artes escénicas también durante su juventud como duque de Anjou junto a su hermano y los duques de Borgoña y Berry en el *appartement* de madame Maintenon en Versalles (Bottineau 1986: 116-117), ya que la pequeña Salle de la Comédie no estaba preparada para este tipo de representaciones (Torrione 2004: 753-754). No obstante, Felipe V no asistió a su primera ópera sino hasta su viaje a Italia en 1702 para conocer a sus nuevos súbditos. Durante ese viaje pudo presenciar el estreno de *Tiberio* de Alessandro Scarlatti y enamorarse de la comedia del arte hasta el punto de que trajo consigo a España la ya referida compañía de representantes italianos que pronto sería conocida en Madrid como compañía de los Trufaldines por la rápida popularidad del personaje de Trufaldino (Bajini 1997: 120; Kamen 2001: 18; Lolo Herranz 2009: 163; Morales 2007: 169)[2]. Así, esta compañía, como ya se ha indicado anteriormente, entraba en directa competencia con los corrales de la Cruz y el Príncipe, lo que ocasionaría no pocas tensiones, ya que el llamado corral de Trufaldines, instalado en una casa de la calle de Alcalá perteneciente al marqués de Villamagna, además gozaba de ciertas ventajas fiscales frente a las compañías españolas. Esto levantaría numerosas protestas entre las compañías madrileñas de comediantes y arrendadores de los corrales de la Cruz y el Príncipe, pues constituía una clara violación de las disposiciones del Ayuntamiento en cuanto a la apertura de corrales para representar (Doménech Rico 2007: 35).

De esta forma, se plantaría otra semilla para una mayor italianización del teatro barroco español[3]. Sin embargo, los avatares de la Guerra de Sucesión, como ya se ha dicho, no permitieron que esa semilla germinara con la rapidez y fortaleza que cabría esperar. No obstante, todo cambiaría una vez acabada la guerra y, sobre todo, tras el matrimonio de Felipe V con la princesa de Parma, Isabel de Farnesio, en 1714. Sin lugar a dudas, la reina Isabel sería la mayor impulsora de la transformación del decadente teatro barroco español, y su huella será notable en dos aspectos, uno artístico, referido fundamentalmente al contenido y desarrollo de tramas dramáticas y de la representación; pero también durante el segundo reinado de Felipe V su influencia será determinante para los cambios que se introducen en la administración y gestión de las producciones dramáticas cortesanas. A pesar de ello, el papel que la reina desempeñó en la modernización del teatro cortesano español no ha sido aún estudiado en profundidad, algo que, de otra parte, no debe sorprendernos por la escasa atención que por los motivos ya referidos anteriormente ha recibido este periodo de nuestra historia del teatro. En cualquier caso, y a pesar de la falta de estudios más detallados, se puede afirmar que el impulso de la reina posibilitó la creación y consolidación de un subgénero dramático que, aunque de corta vida, trató de combinar el

---

[2] Alicia López de José, no obstante, considera que el entusiasmo del monarca por el teatro ha sido largamente exagerado. Para ello aduce una carta suya fechada el 2 de febrero de 1703 en la que le escribe a su abuelo y monarca francés, Luis XIV, expresando su desinterés por la música y el teatro italianos y que su deseo personal era deshacerse de los Trufaldines (2006: 124). Es también posible, diría que incluso probable, que más bien Felipe V está tratando de calmar a su abuelo, que se encontraba preocupado por las noticias que le llegan de la corte en las que le informan del desdén del rey español por las comedias de Corneille y Racine.

[3] No olvidemos, naturalmente, la propia importancia de la Commedia dell'Arte en el propio origen del modelo de comedia nueva creado por Lope de Vega un siglo antes.

esquema musical y espectacular de la ópera italiana con las características principales de la comedia barroca de tipo mitológico[4]. En lo que se refiere a la gestión de las representaciones de corte, el cambio fundamental será que, a partir de la representación de *Alessandro nell'Indie* en 1738, se puede decir que la comedia barroca española, en cualquiera de sus modalidades o adaptaciones ha perdido su lugar preeminente en las celebraciones palaciegas en favor de la ópera —esta vez sin ambages— estrictamente italiana. Asimismo, y en gran medida debido a este cambio, la ciudad de Madrid, representada por sus poderes públicos y su Junta de Festejos, perderá su relevancia en la producción de celebraciones para la familia real. Hasta entonces, la ciudad de Madrid había ido aumentando progresivamente el control de las producciones dramáticas palaciegas desde que en 1686 el rey decidiera que del dinero que se asignaba cada año a la Real Cámara y Guardarropa se consignara una cantidad fija para que la ciudad sufragara los gastos que ocasionaban las representaciones. Con esta medida, la ciudad lograba una mayor autonomía para gestionar las producciones teatrales que dedicaba a los reyes (Greer y Varey 1997: 75 y 174) y que ahora, perdía a favor de la reina y su círculo más próximo.

Ya se ha indicado que, desde su llegada a España, Isabel, que no entendía bien ni el español ni las convenciones dramáticas de la comedia, favoreció la representación regular de pequeñas producciones de la compañía italiana en la intimidad de los diferentes palacios reales, especialmente en el de El Pardo en Madrid, donde parece ser que en 1718 los actores llegaron a ponerse los disfraces una media de tres veces por semana (Kamen 2001: 104). Naturalmente, la impronta de la nueva reina sobre las artes y el teatro tanto en la corte madrileña como en España en general fue posible debido a su esmerada educación en las artes, pero también por su fuerte personalidad y la enorme influencia que ejercía sobre su marido y, como hemos visto, su deseo de acaparar y controlar el tiempo de ocio del rey y sus deseos de encontrar maneras en con las que fortalecer su presencia y autoridad en la corte mediante la creación de redes de mecenazgo y clientelismo propias e independientes de las de su marido[5].

Ya se ha referido antes que las compañías españolas de representantes debían de amoldarse rápidamente a los nuevos gustos de la corte si querían salir bien paradas ante la nueva competencia (y amenaza) que suponía la compañía italiana. Así, rápidamente, comienzan a adaptar sus representaciones de forma

---

[4] Naturalmente este modelo teatral promovido por Isabel de Farnesio se asienta sobre el éxito anterior de combinaciones similares, especialmente con la música de Antoni Literes. La contratación de Giacomo Facco y la especial predilección de la reina por el compositor veneciano únicamente aceleraría el proceso de italianización del teatro palaciego.

[5] Véase Giusepe Bertini (2002).

que sean más del agrado de la corte y, sobre todo, de la sensibilidad de la nueva reina[6]. Adicionalmente, y por razones que aún no están del todo claras, entre 1722 y 1725, la mayor parte de los Trufaldines pidieron permiso para volver a Italia (Doménech 2007: 73; Torrione 2000: 229), lo que podría considerare, al menos, parcialmente, bien causa bien consecuencia del desarrollo en estos años de este nuevo subgénero dramático de ópera española al estilo italiano o, como dice la loa de la representación de *Las amazonas de España* (1720), de José de Cañizares y Giacomo Facco, una representación «en música italiana / castellana en la letra» (vv. 111-112).

No era, desde luego, la primera vez que se representaban dramas musicales o zarzuelas en España, donde, si bien no existía una gran tradición, sí había, al menos, un ramillete de excepciones notables como la experimental *La selva sin amor* (1627) de Lope de Vega y música de Filippo Piccinini y las colaboraciones de Calderón de la Barca con Juan Hidalgo en producciones tan representativas como *Celos aún del aire matan* y *La púrpura de la rosa* (ambas de 1660). Sí era, no obstante, la primera vez que un drama español debía amoldarse a una tradición dramática y musical foránea. Se trata, desde luego, de una colaboración sin precedentes entre escritores españoles y músicos italianos para tratar de preservar la exitosa fórmula de la comedia barroca dentro del formato espectacular de la ópera italiana. Curiosamente, también la mayoría de las tramas de estas obras tienen como centro un mismo tema: un héroe de gran fuerza física y poderío militar es derrotado o reducido por una mujer, una reina, gracias a su astucia. Esta victoria sobre su rival, no obstante, no trae humillación sobre nadie, sino la paz entre las dos naciones y, tal y como era habitual en el teatro de la época, un final feliz en forma de matrimonio para todos los personajes implicados en la trama. Este es el caso de las obras del ciclo de dramas mitológicos que van de 1720 a 1724, año en que Felipe V abdica en su hijo Luis I y constituyen el periodo de vida de ese subgénero que antes denominábamos como ópera española al estilo italiano. Las obras que aquí se editan, *Las amazonas de España* (1720) y *La hazaña mayor de Alcides* (1723), ambas de José de Cañizares y Giacomo Facco, son dos de las más representativas de este subgénero en el que también encontramos otros dramas con música como *Amor es todo invención: Júpiter y Anfitrión* (1721), también de José de Cañizares y Giacomo Facco, *Angélica y Medoro* (1722) de Antonio Zamora y José de San Juan y, por último, la refundición de *Fieras afemina amor* hecha por Alejandro Rodríguez (músico de la corte) y, una vez más, Giacomo Facco.

---

[6] Aunque quizá sea una exageración, para Uberto Zanolli, ya en 1720, se puede considerar que la música en la corte española sería mejor considerarla como un capítulo más de la historia de la música italiana que de la española (1965: 219).

Sin embargo, tal y como suele ocurrir habitualmente con las reinas de fuerte personalidad, estas reciben fuertes aplausos mientras permanezcan en el escenario, pero una vez salen de la ficción dramática para entrar en la realidad del día a día, el público se vuelve más crítico que entusiasta. Este es exactamente el caso de la reina Isabel de Farnesio, un personaje normalmente criticado precisamente por su astucia para entrar en los círculos de poder en la corte, y a quien incluso se le acusa de aprovecharse de la enfermedad de su esposo en su propio beneficio. Esta acusación, aunque no del todo falsa, tiene el peligro de las medias verdades. Si bien es cierto que el rey, debido a su desorden bipolar, dependía emocionalmente de su esposa (como también le ocurrió con María Luisa de Saboya), no es menos cierto tampoco que, siempre que pudo, Felipe V fue un monarca diligente y trabajador que nunca desatendió sus obligaciones y responsabilidades como rey. La reina Isabel se dedicó en cuerpo y alma al bienestar del rey, algo de lo que no hay ninguna duda y testimonian numerosos documentos (Saint-Simon 1933: 18), pero tampoco es menos cierto que, además del bienestar del rey, la reina también debía preocuparse por su propio futuro (especialmente si, como ocurrió finalmente, enviudaba) y del de sus hijos, los cuales habrían de competir con los cuatro que el rey tuvo con la reina María Luisa. Así pues, asegurarles un buen futuro sería siempre una poderosa razón detrás de sus numerosas incursiones políticas. Estas circunstancias políticas y personales de Isabel de Farnesio son muy útiles para comprender mejor las razones por las que escogía y promovía ciertas óperas para su representación en el Coliseo del Buen Retiro. Resulta, desde luego, difícil de evitar la comparación entre las astutas y poderosas reinas de estos dramas musicales con la propia reina Isabel. Todas ellas parecen buscar siempre una alternativa heterodoxa para la solución de los conflictos y tratan de lograr sus objetivos eludiendo la confrontación directa para, de alguna forma, seducir y ablandar al rival que, en el caso de las reinas de las comedias aquí editadas son Aníbal y Hércules, mientras que Isabel busca influir sobre Felipe V. Así, las valientes y calculadoras reinas que vemos sobre el escenario también sirven un propósito político de mostrar a los miembros de la corte, los Consejos y los embajadores una imagen del poder que la propia reina Isabel tenía tanto sobre su marido como sobre la política internacional de la Corona.

Los embajadores y otros comentaristas de la corte han dejado constancia de ello, así como de su desprecio por la mayor parte de las formas de entretenimiento que se consideraban apropiadas para su sexo, como también han reflejado su constante deseo de participar de la sociedad masculina e intervenir en las decisiones políticas (Saint-Simon 1933: 19)[7], lo que ha hecho que no pocos

---

[7] Así, por ejemplo, a sugerencia del primer ministro, Giuliano Alberoni, el matrimonio real comenzó en 1715 a despachar a primera hora de la mañana los asuntos más urgentes de la agenda

biógrafos suyos hayan concluido que su carácter tenía algo de masculino. El dramaturgo y poeta José Joaquín Benegasi y Luján escribió en su poema funerario a la reina «La augusta Belisa», en el que hablaba directamente con ella y le decía, «cierto que tienes cosas muy de hombre» (p. 34), una idea que ya su padre, Francisco Benegasi y Luján había expresado anteriormente en una «Décima en alabanza de la Reyna Madre, Doña Ysavel de Farnesio» donde escribía:

> Señora, de inmortal nombre,
> señora, que nada ignora;
> y aunque madre, y tan señora,
> es una reyna muy hombre.
> No adulo, no, ni hos [sic] asombre
> heroyna ver tan extraña,
> y si la pasión no engaña,
> solo ay dos en esta scena:
> la emperatriz de Viena[8]
> [y] la Reina Madre de España (151v).

En esta misma línea, también Saint-Simon escribió en su memoria de la corte española que el único rasgo femenino que había conseguido encontrar en la reina era su amor por los pájaros y otros animales (1933: 29). Su biógrafo, Edward Armstrong, la llega a comparar con la reina Isabel de Inglaterra al escribir que «her character, like that of her great English namesake, was somewhat masculine» (1892: 141). La reina no parecía estar descontenta con esta situación o, de lo contrario, no habría promovido la distribución de un grabado suyo en 1715 de gran significado simbólico a cargo de Diego de Cosa y Marías de Irala y que en este libro reproducimos en la portada. En esta estampa, la reina aparece retratada en el centro de la imagen vistiendo un traje masculino de cazador en con la corona real sostenida por un ángel sobre su cabeza mientras su esposo, el rey, aparece en la esquina superior izquierda en forma de pintura y cuyo gesto, parece querer reflejar, como si de un espejo se tratara, el propio rostro de la reina (Vázquez Gestal 2013: 176).

Esta misma idea del rey y la reina como reflejo el uno del otro resulta casi premonitoria cuando, durante varios meses en 1717, cuando la depresión del rey se agravó notablemente y la reina hubo de asumir las responsabilidades de la Corona en compañía de Giuliano Alberoni, primer ministro y consejero personal de la reina entre 1715 y 1720. Otra situación similar se dio en 1719

---

desde las habitaciones de la reina —donde el rey solía pasar la noche— de forma que la reina podía escuchar y participar ocasionalmente en la conversación.

[8] Se refiere a María Teresa de Austria (1717-1780)

cuando, durante la guerra contra Francia, el rey sufrió uno de los periodos depresivos de su bipolaridad y tuvo que volver a Madrid. Entonces, sin dudarlo, Isabel tomó su lugar como comandante en jefe y pasó revista a las tropas en nombre del rey (Kamen 2001: 126). Pocos meses después y tras dar a luz a su tercer hijo, Felipe, la reina escogería *Las amazonas de España* para conmemorar el acontecimiento y, de esta forma catalizar en ella la crisis de la comedia barroca en la corte española.

JOSÉ DE CAÑIZARES

Aunque aún carecemos de demasiados detalles de la vida de nuestro autor como para escribir una biografía más o menos completa, gracias a las iniciales investigaciones realizadas por Cayetano Alberto de la Barrera y Leirado, Alba V. Ebersole y, en las últimas décadas, por Kim L Johns, Joaquín Álvarez Barrientos, Susan Paun de García, Mercedes Agulló y Cobo, y María del Rosario Leal Bonmati (2008 y 2011: 22-25), hoy en día estamos en disposición de construir una semblanza de la vida de José de Cañizares, si bien todavía no del todo satisfactoria.

Para esta introducción se maneja y reorganiza la información ya presentada por los investigadores arriba mencionados y sus descubrimientos se ponen frente a algunos de los conocimientos de la corte de Felipe V, lo que nos sirve para comprender mejor la relación del autor madrileño con la corte. También corregimos algunos detalles menores referentes a los inicios de la carrera dramática de nuestro escritor en relación con el ambiente cortesano próximo a la facción de los grandes de España —especialmente la Casa Ducal de Osuna y la Casa de Velasco— con quienes se relacionó desde muy pronto.

De Cañizares sabemos que nace el 14 de julio de 1676 en la calle del Carmen, en el centro de Madrid, y que probablemente con 18 años ingresó en el ejército, donde haría carrera hasta llegar a ser capitán de los caballos corazas, probablemente en 1704. Los corazas constituían por aquel entonces la caballería por excelencia del ejército. Estos soldados luchaban a lomos de caballos ligeros (aunque bien protegidos, como indica el nombre) y portando pistolas y espadas en lugar de las tradicionales lanzas de otras unidades de caballería. Es muy probable que durante esos años el entonces el joven madrileño desempeñara un papel muy activo durante la Guerra de Sucesión, puesto que el cuerpo de caballería al que pertenecía era uno de los más destacados en el combate. La Barrera considera que posiblemente hacia 1711 se encontraría ya fuera de servicio y que, por consiguiente, habría aprovechado la reducción de efectivos de caballería realizada por Felipe V al concluir la guerra para «reformarse», es decir, colgar las armas definitivamente, retomar la vida cortesana y dedicarse de lleno al mundo del teatro.

Con anterioridad al estallido de la guerra, Cañizares ya había disfrutado del ambiente palaciego de Carlos II y había empezado a descollar por su talento literario. Con veinte años escribe sus primeros poemas de los que tenemos noticia: un panegírico a la difunta Mariana de Austria (1696) y un romance dedicado a la recuperación de la salud del monarca Carlos II, aunque es de suponer que con anterioridad sus composiciones circularan por la corte. Poco después de estas primeras composiciones poéticas de las que conocemos la fecha, comienza a escribir para las tablas y en 1697 consta que terminó de escribir *El Sol de Occidente, san Benito* y, también en ese año, pone firma a su primera zarzuela en palacio, *Montes afirman desdén*, dato que ya recogió Leal Bonmati en su edición de *Acis y Galatea* (2011: 22). Repetiría su experiencia teatral en palacio al año siguiente con el estreno de *Salir el amor del mundo*, a la que puso música Sebastián Durón, por entonces maestro de capilla de Carlos II y, al poco de la llegada de Felipe V, alcanzará el nombramiento de fiscal de comedias que, constata La Barrera, ya ocupará desde 1702 hasta su fallecimiento en 1750.

Contó siempre con buenos amigos y aliados influyentes dentro de la corte lo que, unido a su talento le ayudó a prosperar y forjarse una carrera literaria. De 1700 consta la noticia de que participó en una academia celebrada ante el rey junto con algunos notables de la corte como el dramaturgo Antonio Zamora (gentilhombre de su majestad y oficial de la Secretaría de Indias), que fungió de presidente; José Antonio Mulsa (miembro del Consejo del Rey), que actuó en calidad de secretario; y Baltasar de Funes Villalpando (mayordomo de la reina y miembro del Consejo Supremo de la Corona de Aragón), que hizo el papel de fiscal de dicha academia. El resto de los presentes en ella son también destacados miembros de la corte, siendo el que menos José de Cañizares, por entonces «teniente reformado», es decir, en excedencia (Leal Bonmati 2008: 247).

Sus servicios fueron muy apreciados por José Fernández de Velasco y Tovar, VIII duque de Frías y condestable de Castilla, quien, además, ocupó el cargo de mayordomo mayor de Felipe V entre 1705 y 1715. Entre otros cometidos, el puesto de mayordomo mayor del rey conlleva una controvertida responsabilidad sobre el Palacio del Buen Retiro y, por consiguiente, también su Coliseo, cuando el rey se encuentra en ellos. Esta responsabilidad con frecuencia causaba disputas acerca de la preeminencia del alcaide del Palacio del Buen Retiro o del mayordomo mayor sobre las decisiones que afectaban a aquel palacio y a su teatro, incluyendo, claro está, los festejos dramáticos cuando estos tenían lugar en presencia del rey. La importancia de esta disputa se debe, entre otros motivos, a la responsabilidad (y privilegio) de elaborar el reparto de la planta y los aposentos del teatro para esas representaciones que contaban con la asistencia de los monarcas (López Alemany y Varey 2006: 1; Varey 1969)[1]. Esta polémica se iniciaría en 1672 y sería azuzada en 1677 por el VII duque de Frías, don Íñigo Melchor Fernández de Velasco (padre del que aquí nos importa), durante el tiempo que este fue mayordomo mayor. La controversia y las disputas entre ambos despachos (el del mayordomo mayor y el del alcaide) se resolverían en 1682, únicamente para reiniciarse con la nueva dinastía y resolverse definitivamente en 1721 a favor del mayordomo mayor, siendo entonces Juan Manuel Fernández Pacheco, marqués de Villena, cabeza de la mayordomía (López Alemany y Varey 2006: 2-3)[2].

Por tanto, el más importante valedor de nuestro dramaturgo ante el rey, en calidad de mayordomo mayor tenía una gran influencia sobre lo que ocurría dentro de aquel coliseo privado del rey. Adicionalmente, su posición en la corte y su ascendencia dentro de la facción española de los grandes se encontraba aún más reforzada por su matrimonio en segundas nupcias con Ana María, hija de Gaspar Téllez-Girón y Sandoval, V duque de Osuna, lo que le unía estrechamente con aquella poderosa casa. A su vez, el VI duque de Osuna, Francisco María de Paula Téllez-Girón, capitán de la Real Guardia de Corps[3] desde 1704 (teniente general en 1706), casaría con María Remigia de Velasco, hermana de José Fernández Velasco y Tovar.

Precisamente, nuestro autor realizaba tareas de contaduría en la Casa Ducal de Osuna y, según considera Leal Bonmati (2008: 263), posiblemente su trabajo consistiera fundamentalmente en la adquisición de impresos de comedias para la biblioteca del duque, pues recordemos que desde 1702 es fiscal de comedias, y el duque de Osuna, en calidad de capitán de la Guardia de Corps, habitualmente asistía a las representaciones de comedias y otras celebraciones de la Corona en

---

[1] Para la historia de esta controversia, véase Greer y Varey 1997: 60-70.

[2] Juan Manuel Fernández Pacheco sería mayordomo mayor desde 1713 hasta su fallecimiento en 1725. Con anterioridad había recibido sendos nombramientos como virrey de Navarra (1691), Cataluña (1693) y Nápoles (1701). Véase Andújar Castillo (2001: 19).

[3] La Guardia de Corps, como también la de Infantería, la Valona y, de manera un tanto diferente, la de Alabarderos eran cuerpos que se ocuparían de la vigilancia del rey durante todo el siglo con gran cantidad de privilegios y distinto *cursus honorum* que crearía, efectivamente, un «ejército cortesano» dentro del ejército. Especialmente las Guardias de Corps estarían reservadas para las más importantes casas nobiliarias españolas. Pero aún más, Francisco María de Paula Téllez-Girón, en calidad de capitán de la Guardia de Corps, debía de seguir siempre al rey cuando este abandonaba la cámara real y, de forma efectiva, acabaría por asumir muchas de las tareas que en la dinastía de los Austria se encargaban al mayordomo mayor (Andújar Castillo 2001: 91-94 y 101-103).

un «banquillo» situado detrás de la silla del rey (Andújar Castillo 2001: 101-102; Leal Bonmati 2008: 256)[4]. Aunque como fiscal de comedias Cañizares se esforzó por esquivar la polémica, no se libró de formar parte de algunas disputas por beneficiar a una compañía sobre otra, e incluso de acusaciones de que entre él y su ayudante Reinoso se protegían mutuamente como censores de sus obras (Álvarez Barrientos 1983: 40). Debido a su papel como fiscal de comedias, se ganó algunos enemigos, como Juan Pedro Maruján, que además de denunciar los parecidos de algunas de sus obras con otras de Lope de Vega, en su *Ovillo en que se devanan las quebradizas especies* le acusa de prevaricación en su cargo como fiscal de comedias, y de haberle prohibido la representación de un sainete (Álvarez Barrientos 1983: 38-41). No sería esta la única crítica que se alzase sobre su trabajo como fiscal de comedias y como autor, pues también recibiría los ataques de aquellos que defendían un modelo teatral diferente, como puede verse en la agria crítica del pseudónimo Armengol Anacleto en 1722[5].

El vínculo que hemos comentado entre José de Cañizares y la Casa de Velasco —y, por tanto, con la mayordomía del rey— y con la Casa Ducal de Osuna, sin duda ayuda a explicar las facilidades que recibe desde sus comienzos tanto como poeta cortesano para la conmemoración de sucesos en la corte como para estrenar sus comedias en el Coliseo del Buen Retiro, donde pronto representó sus zarzuelas *Acis y Galatea* (1708) y *Con música y por amor* (1709). También, no lo olvidemos, recibirá poco después importantes y muy lucidos encargos, probablemente por petición expresa del mayordomo del rey. Entre estos escritos destaca la relación de las exequias realizadas en 1711 en el real convento de la Encarnación en honor de Luis de Borbón, delfín de Francia y padre del rey Felipe V, con el título de *España llorosa sobre la funesta pira...* y, tan solo un año después, la relación *Pompa funeral y reales exequias* celebrada en el convento de San Jerónimo de Madrid con motivo del fallecimiento de los nuevos delfines de Francia, don Luis de Borbón (hermano de Felipe V) y su esposa María Adelaida de Saboya.

---

[4] Para comprender la importancia de este «banquillo», léase Terrasa Lozano (2013). Aquí, el autor comenta la humillación sufrida por el rey cuando únicamente tres grandes acudieron a la misa celebrada con motivo de la onomástica de Luis XIV de Francia. El motivo fue que el monarca hizo que se dispusiera un 'banquillo' detrás de él para que se sentara en él príncipe de T'Serclaes, capitán de la Compañía Flamenca —los otros dos capitanes en aquel tiempo eran el duque de Osuna, de la Primera Compañía Española y el duque de Popoli para la Compañía Italiana—. La Grandeza vio en ello un agravio, ya que T'Serclaes recibía entonces un privilegio inusitado, pues no estaba permitido que nadie se ubicara entre el rey y los grandes en las ceremonias de la Capilla Real. La disputa acabó resolviéndose con la vinculación de las tres capitanías a la Grandeza de España y la creación de un 'ejército cortesano'.

[5] En su vituperio se llega a acusar a Cañizares —sin fundamento— incluso de haber plagiado la obra de *Las amazonas* de Solís en su propio beneficio (Armengol 1722: 10). Más sobre los críticos de Cañizares puede encontrarse en Álvarez Barrientos 1983.

Cuando 1715 el marqués de Villena, Juan Manuel Fernández Pacheco, suceda a Fernández Velasco y Tovar en la mayordomía real, José de Cañizares ya se habrá construido una reputación que, a pesar del desdén que el nuevo mayordomo mayor (y primer director de la Real Academia) sentía por el teatro barroco español[6], le convertirá en uno de los autores más exitosos y representados en la corte. Igual o incluso mayor será su éxito en los corrales comerciales de comedias, donde sus representaciones se irán sucediendo una tras otra, estrenando hasta cinco comedias en la temporada de 1715 y siete en la de 1716, coincidiendo así con el asentamiento de Isabel de Farnesio en la corte, la llegada del nuevo mayordomo del rey y el aumento de funciones italianas y francesas en palacio. Como indica Leal Bonmati, serán años de una intensa dedicación a su doble condición de fiscal y dramaturgo, toda vez que la compañía de corazas se ha disuelto completamente tras el final de la guerra y las sucesivas reformas del ejército (2008: 255).

Probablemente su época de mayor éxito en el teatro de corte corresponda a los cuatro años que van desde 1720 a 1724, en los que su concurso es fundamental para la creación de la ópera italo-española ya referida anteriormente y, aunque después se alejara de las tablas del Buen Retiro, seguirá escribiendo con un éxito casi monopolizador para los teatros comerciales de Madrid, donde fue el autor contemporáneo más representado durante la primera mitad del siglo. El segundo reinado de Felipe V e Isabel de Farnesio sería algo más difícil para la representación de teatro palaciego de tipo festivo o protocolario, pues comenzaría marcado por el luto real al que después seguiría un largo retiro de la corte en Andalucía (1729-1733). Al regreso de la corte a Madrid se sucederían desastres como el del incendio del Palacio Real, numerosas crisis políticas y el agravamiento de la salud del rey que realizaba cada vez estancias más largas en el Real Sitio de la Granja y comenzaba a implantar grandes cambios en las costumbres y horarios de la corte, al igual que desarrollaba un mayor interés por la música italiana que tendría como consecuencia la llegada a la corte de Carlo Broschi, más conocido como Farinelli. No obstante, no puede decirse que la estrella de Cañizares en la corte palideciera, pues en 1736 por fin se formaliza —después de más de 30 años— su labor como compositor de letras sagradas de la Real Capilla con un sueldo de 2.200 reales de vellón, cantidad a la que habría que sumar los aproximadamente 1.100 que recibía por su empleo como fiscal de comedias (Álvarez Barrientos 1983: 36). Durante estos años continuó reci-

---

[6] «... le marquis de Villena, qui est homme de belles lettres, est de notre sentiment, prétendant qu'il n'y a ny rime ni raison et que Calderon, Solis et les autres auteurs les plus fameux *no tenían nada que ver*, avec Corneille et Racine», carta de madame de los Ursinos a Torcy el 20 de febrero de 1713 (Leal Bonmati en Cañizares 2011: 25, n. 9).

biendo importantes encargos cortesanos de gran valor protocolario, como el de la composición de la *Serenata a los reales desposorios de Carlos de Borbón y María Amalia de Sajonia* (1738).

Respecto a su vida personal, no sabemos prácticamente nada del primer matrimonio que José de Cañizares con Gertrudis Galán, de quien enviudó muy pronto sin llegar a tener hijos. De su segundo matrimonio con doña Lorenza Álvarez de Losada tampoco sabemos mucho más. Si acaso que el enlace parece ser que tuvo lugar en Madrid en los inicios de 1729 y que con ella tendría dos hijos, José y Jerónima. Por último, nuestro autor fallece el 4 de septiembre de 1750 en su casa de «la calle de las Veneras, frente a la plazuela de Santo Domingo y fue sepultado en el convento del Rosario, de padres dominicos» (Barrera y Leirado 1860: 69).

LAS COMPAÑÍAS DE REPRESENTANTES

Debido al ya referido éxito de la compañía de Trufaldines (o mejor dicho, de las sucesivas compañías italianas o «de Trufaldines») y muy especialmente a partir de 1714, con el final de la guerra y la llegada de la nueva reina, las compañías de representantes hubieron de adaptar sus habilidades a los nuevos gustos de la corte para poder competir con los italianos por las representaciones que se hacían tanto de forma privada los Reales Sitios como para el público en el propio Coliseo del Buen Retiro de Madrid.

Para los años que aquí nos interesan, los Trufaldines ya se han marchado o están camino de hacerlo, puesto que pidieron permiso para regresar a Italia y lo fueron haciendo entre 1722 y 1725 sin que esté bien documentado el motivo (Doménech 2007: 73; Torrione 2000: 229). El hueco que comienzan a dejar en las diversiones cortesanas queda entonces vacante para que lo ocupen las compañías españolas con representaciones acordes con el gusto de la corte, lo que derivará en un subgénero de óperas hispano-italianas que se iniciara con *Las amazonas de España* en 1720, con texto de José de Cañizares y música de Giacomo Facco, y llegará hasta la refundición de *Fieras afemina amor* (1724), también con música de Facco. Las compañías empleadas para la representación de 1720 fueron las de José de Prado y Juan Álvarez, que se encontraban constituidas de la manera en que recogemos abajo, indicando junto al nombre del actor el papel que representó, siempre que nos haya sido posible determinarlo.

COMPAÑÍA DE JOSÉ PRADO

María de Navas
Petronila Jibaja, *Marfilia*

María de San Miguel, *Clorilene*
Josefa López, *en un balancín*
Paula de Olmedo, *Brinco*
Alejandro de Guzmán, *en la loa*
José de Prado, *en nada*
Ramón Verdugo, *tiesto y matachín*
Manuel de Castro, *tiesto*
Francisco de la Cueva, *regidor de mutaciones*
Manuel de San Miguel
Salvador de Navas, *tiesto y dos contradanzas*
Lucas de San Juan
Francisco Rico, *tiesto*
Antonio Plana, *tiesto*
Diego Rodríguez, *con penacho romano*
José de Salas, *músico*
Juan de Chaves, *2º músico*

COMPAÑÍA DE JUAN ÁLVAREZ

Manuela de Torres
Francisca de Castro, *Aníbal*
Antonia Mejía, *Laureta*
Francisca Quirante, *Mentor*
Manuela de Baos
Mariana de Guevara
Juan Álvarez, *en nada*
Damián de Castro, *en tiesto*
Juan Quirante, *en tiesto y vuelo*
Marías de Morales, *en tiesto*
Ramón de Villaflor, *tiesto y matachín*
Manuel Alonso
Alonso de Molina, *copia la loa por papeles*
Ignacio Sequeira
Manuel Pacheco, *en tiesto*
Francisco Londoño, *bastidores*
Manuel Joaquín, *en tiesto*
Manuel Ferreiras, *músico*
Baltasar Caballero, *2º músico*
Bautista Ventura, *apuntador*

Además de los comediantes que figuran en estas dos listas, también constan pagos que se hicieron a otros actores, como Águeda Ondarro, que entró a participar como sobresaliente en el papel de Celauro, príncipe de la Provenza, y como tal aparece impreso en el libreto de la comedia (8v). También como sobresalientes constan pagos hechos a Manuela de Labaña, Isidora Quirante, Antonia de Alarcón y Tomasa Londoño, además del guardarropa de la compañía de Juan Álvarez, Manuel González (López Alemany y Varey 2006: 19, 127 y 140).

Para la representación de *La hazaña mayor de Alcides* (1723), se contrataron las compañías de José Prado e Ignacio Sequeira. Esta última no era sino, a grandes rasgos, la misma que había dirigido tres años antes Juan Álvarez en *Las amazonas de España*. Para esta representación, al contrario que en el caso de *Las amazonas de España*, sin embargo, no contamos con documentación precisa de la composición de cada una de las dos compañías, sino únicamente de un elenco completo en el que se mezclan los actores de ambas. No obstante, y a pesar de que era habitual una cierta movilidad de los actores entre una y otra compañía, si se coteja esta lista con la documentación de la composición de estas compañías tanto en representaciones anteriores como posteriores y, además, se tienen en cuenta los lazos familiares que unían a unos actores con otros podemos reconstruir ambas compañías de forma casi completa. Una vez más recogemos abajo la composición de las compañías que representaron *La hazaña mayor de Alcides* indicando el papel desempeñado por cada actor[1].

JOSÉ PRADO

María de San Miguel, *Hércules*
Petronila Jibaja, *Ónfale*
Rosa Rodríguez, *Pizpireta*
Paula de Olmedo, *Coscorrón*
Josefa López, *Plutón*
Juan Camacho, *Atlante*
Manuela de Torres, *dama*
Petronila de Morales, *ninfa*
Juan Álvarez, *comparsa*
José de Prado, *comparsa*
Ramón Verdugo, *comparsa*

---

[1] La información necesaria para establecer la composición de estas compañías debe espigarse a lo largo de López Alemany y Varey, 2006. El lector interesado puede acudir al índice de nombres del final del libro y encontrar sus ocurrencias en la documentación allí recogida.

Gaspar de Guzmán, *comparsa*
Francisco Rico, *comparsa*
Antonio Plana, *comparsa*
Manuel de San Miguel, *comparsa*
Diego Rodríguez, *comparsa*

IGNACIO SEQUEIRA

Francisca de Castro, *Teseo*
Águeda de Ondarro, *Pirítoo*
Ana Lorenzo, *Júpiter*
Antonia Mejía, *Electra*
Isidora Quirante, *Calais*
Sabina Pascual, *dama*
Josefa Cisneros, *dama*
Juana de Ondarro, *dama*
Mariana de Guevara, *dama*
María de Bados (tb. Baos), *ninfa*
María Benete (tb. Benet), *ninfa*
Manuela Mejía, *ninfa*
la hija (innombrada) de Ferreira, *ninfa*
Tomasa Londoño, *ninfa*
Rita de Villaflor, *ninfa*
Francisco Londoño, *comparsa*
José Garcés, *comparsa*
Damián de Castro, *comparsa*
Juan Quirante, *comparsa*
Matías de Morales, *comparsa*
Ignacio Sequeira, *comparsa*
Alonso Molina, *comparsa*
Manuel Alonso, *comparsa*
Manuel Pacheco, *comparsa*
Manuel Joaquín, *comparsa*
Feliz Ferreira, *comparsa*

A pesar de nuestros esfuerzos, no obstante, aún nos resulta imposible determinar la compañía a la que estaban inscritas importantes actrices como Mariana de Urrieta, que hacía el papel de Neptuno, y quien, con motivo de su parto, tuvo que ser sustituida por María Benete (López Alemany y Varey 2006: 190), lo que nos hace pensar que probablemente pertenecieran a la misma compañía, la de Ignacio Sequeira, pero aún no sabemos lo suficiente acerca del funcionamiento de las compañías de comedias como para poder afirmar con completa seguridad esta práctica para cubrir las bajas dentro de una compañía. No tenemos certeza tampoco acerca de la compañía en la que estaba inscrita Isabel Vela, que representó el papel de Ceto, ni tampoco podemos identificar la compañía a la que pertenecían Mariana de Inestrosa, que hizo el papel de dama, y Juana de Inestrosa, que hizo el de ninfa. Igualmente nos falta por identificar la compañía de varios de los que hicieron de comparsa, como Juan Vázquez, Antonio de Urriaga, Antonio Rodríguez, Francisco de Fuentes, Pedro Alonso, «Mirazielos», José Esteban, Fernando de Mesa.

Como puede observarse, y tal como era habitual, en ambos casos son las actrices quienes desempeñarán los papeles más importantes de las comedias, independientemente de que estos sean reinas o héroes masculinos, y sin importar tampoco si estos personajes habían de ser amantes en la escena. Más objeciones parecía haber, sin embargo, cuando los amantes habían de representarse por actores varones. Así, para la representación de la comedia de Antonio Zamora *Angélica y Medoro*, de 1722, Ignacio Sequeira hubo de renunciar al breve papel de «El Olvido» para el que, aunque era de tipo alegórico y asexuado, se acordó que le reemplazara María Benete, pues se encontró «embarazo para que Ignacio Sequeira continuase en hacer el papel del Olvido», si bien ha de tenerse en cuenta que este papel iba a ser representado originariamente por Petronila Morales (López Alemany y Varey 2006: 24). El motivo de la sustitución de Ignacio Sequeira probablemente estuviera relacionado con la representación de los cuidados que Orlando había de recibir de este personaje, así como, en concreto, la escena en la cual, con ayuda de unas ninfas, llevan a Orlando en volandas hasta el gabinete privado de «El Olvido» donde Orlando cae dormido mientras canta un aria que dice:

> Déxame dormir,
> amante pesar,
> que no es descansar
> dexar de vivir,
> y solo el placer
> estriba en hacer
> estudio a morir (73).

En definitiva, todos aquellos papeles que contenían partes cantadas tendían a recaer sobre las actrices, mientras que los varones representaban papeles menores de «tiesto», «matachines» y comparsas en general. La excepción aquí es la del Atlante, personaje que representó el actor Juan Camacho. No obstante, una vez ya iniciadas las representaciones incluso este papel acabó por recalar en una mujer, María Benete, la misma que hemos visto sustituyó a Ignacio Sequeira en el papel de «El Olvido». Por esta sustitución recibió un suplemento de 200 reales de vellón (López Alemany y Varey 2006: 222) frente a los 450 con que se compensó el trabajo de Juan Camacho.

Esta situación y reparto de papeles entre hombres y mujeres es más o menos similar en todas las obras representadas en el Coliseo del Buen Retiro en estos años, pero no parece que estuviera reglado de esa manera, sino que respondería a las condiciones musicales de las compañías y, por tanto, también podemos encontrar, en ocasiones, papeles cantados representados por varones. Tal es el caso del actor y autor de comedias José Garcés, que interpretará el papel de Hércules (que incluía un aria) en la refundición de *Fieras afemina amor* con motivo de la proclamación de Luis I como rey 1724. No sería esta su primera vez cantando sobre el escenario, puesto que ya en 1708 había tenido también la oportunidad de entonar un aria representando el papel de Polifemo de la comedia de *Acis y Galatea* compuesta por José de Cañizares y Antonio Literes (Bonmati en Cañizares 2011: 65).

La relevancia de las actrices sobre el escenario tuvo su natural reflejo en los salarios que, de forma habitual, duplicaban o triplicaban el que percibían sus colegas varones. Pero las consecuencias de la nueva importancia de la música en las representaciones se notarían más allá de los sueldos personales para influir también a los gastos generales de la producción. Por ejemplo, a partir de 1722, se decidió crear una nueva partida de gastos destinada al músico que había de enseñarle la música a las actrices, tarea que anteriormente venía realizando el compositor sin ninguna compensación adicional. Durante los años que nos ocupan ahora, el guitarrista José Salas recibiría de forma habitual este encargo y su compensación económica tenderá a equipararse poco a poco con la de los principales actores de las comedias, lo cual constituye en sí un indicador más de la importancia que la música había llegado a cobrar en el teatro.

Así, para la representación al rey de *Angélica y Medoro* (1722), José de Salas recibe un pago de 720 reales de vellón por enseñar la música a las actrices y tocar en la representación. Esta remuneración es aún inferior a la de las actrices mejor pagadas (entre 1.000 y 1.200 reales), pero se encuentra por encima del segundo escalón salarial en el que se encuentra Rosa Rodríguez, la actriz que representó el papel de 'graciosa'[2], que recibió 600 reales y, desde luego, muy superior a la

---

[2] Esta Rosa Rodríguez es la misma que Cotarelo (1896: 11) incluye como una de las graciosas más conocidas y brillantes del siglo XVIII. Se trata también de la misma con la que Juan de Maruján acusaba a Cañizares de «estar en inteligencia amorosa» en su sátira *Ovillo en que se devanan las quebradizas especies*. Véase Álvarez Barrientos (1983: 36). En la documentación aparece en ocasiones también referida como «La Gallega».

compensación recibida por los demás actores de reparto cuyos tramos salariales estaban escalonados entre 400, 240, 120 y 50 reales según su importancia. Su ganancia es también mucho mayor que la del segundo guitarra, Manuel Ferreira, que únicamente recibiría 480 reales de vellón[3].

En 1723, José de Salas vuelve a realizar el mismo trabajo con las actrices para la representación de *La hazaña mayor de Alcides*, pero en esta ocasión recibe 980 reales de vellón (500 de ellos en secreto para no despertar los celos de Manuel Ferreira), que son 80 más de los que cobra Rosa Rodríguez por hacer el papel de 'graciosa', pero aún algo lejos de los 1.100 reales donde se sitúa el máximo salarial de los actores.

Por último, su escalada salarial se consuma en 1724, cuando José de Salas recibe 1.000 reales de vellón, cantidad que resulta idéntica a la que percibieron los actores principales de la comedia de *Fieras afemina amor*[4] y certifica la importancia adquirida por la música en las representaciones dramáticas palaciegas.

---

[3] López Alemany y Varey 2006: 173-175.
[4] López Alemany y Varey 2006: 232-233 y 238.

LAS AMAZONAS DE ESPAÑA (1720)

El mito de las amazonas en el teatro español

Las amazonas eran mujeres guerreras que se creía vivían en el extremo nororiental de Asia Menor, a lo largo de la crilla meridional del Mar Negro. Habitualmente se ha considerado que el nombre de «amazona» provenía de «*a-mazos*» (sin pecho). No obstante, Joan Corominas y José A. Pascual, en su *Diccionario crítico etimológico castellano e hispánico*, consideran que es más probable que la raíz de la palabra provenga del griego «*amaxa*» (carro), «por el gran uso que hacían del carro los escitas». Sea lo uno o lo otro, tanto la cauterización o eliminación del pecho derecho para mejor manejo del arco y las flechas como el uso del carro en sus batallas, ambos son elementos tradicionales de la iconología de las amazonas. Además, según la leyenda, estas mujeres asesinaban o dejaban morir a sus hijos varones, mientras que educaban con gran cuidado a sus hijas para la profesión de las armas.

Cuenta el mito que Hércules, después de haber superado sus trabajos tanto en el sur como en el norte, hubo de enfrentarse a las mujeres guerreras en su noveno trabajo, ya que por mandato de Euristeo, debía someter a las amazonas y tomar el cinturón de su reina, Hipólita. El motivo de ello era que este cinturón de guerra era, en realidad, el símbolo de la soberanía de Hipólita sobre su tierra y su pueblo y, por consiguiente, su entrega a Euristeo sería prueba fehaciente de su victoria en este trabajo.

Aunque hay varias versiones de esta novena misión de Hércules, la más común narra que el héroe navegó hasta la tierra de las amazonas junto con un batallón de valientes guerreros —entre los que se encontraría Teseo— para librar la guerra. Entonces, o bien logró el cinturón durante una batalla o bien capturó a una de las comandantes del ejército de mujeres (según las versiones, esta puede ser Melanipe o Andrómaca), para después exigir el cinturón como rescate.

Según la versión más extendida, Hércules habría reconocido la valiosa ayuda de Teseo en la batalla con el regalo de una bella amazona, de nombre Antíope, con la cual el ateniense tendría un hijo: Hipólito. Para Plutarco, sin embargo, la expedición de Teseo habría sido posterior a la de Hércules y, tal vez, en compañía de Pirítoo. Según esta versión —que es en la que Cañizares se apoya—, inmediatamente después de que ambos arribaran a la costa, las amazonas enviaron una de sus guerreras al barco de Teseo con intención de agasajarle con algunos presentes y, sobre todo, informarse de sus intenciones. Teseo, entonces, aprovecharía la ocasión para raptar a la joven amazona y llevársela a Atenas, donde cuenta la leyenda que vivieron felices y engendraron a su hijo Hipólito.

En líneas generales, a pesar de que la leyenda de las mujeres amazonas ha inspirado a muchos pintores y escultores, lo cierto es que no ha encontrado excesivo eco en el teatro español, a pesar de que sin duda se encontraba muy presente en el imaginario de los conquistadores y aventureros españoles de la época (Andrés 1991: 37). Para Melveena McKendrick (1974: 174), esta escasez de «amazonas» pudo deberse en gran parte a las abundantes bandoleras, lideresas, guerreras y, por supuesto, bellas cazadoras de nuestro teatro de los Siglos de Oro, que, en realidad, no serían sino distintas fragmentaciones de la tradición de las mujeres guerreras en la que encontraríamos encarnadas todas esas cualidades.

En sendos estudios de las amazonas de Tirso, Berislav Primorac (1993: 87) y Peyrebonne (2015: 156) mencionan la existencia de cinco obras dramáticas en las cuales la leyenda de estas mujeres guerreras tiene un lugar destacado: tres de Lope de Vega, *Las justas de Tebas y reina de las amazonas* (antes de 1596); *Las grandezas de Alejandro* (1604-1608) y *Las mujeres sin hombres* (1613-1618); una de Tirso de Molina, *Amazonas en las Indias* (1631) y otra de Antonio de Solís, *Las amazonas* (publicada en 1681). A estas, Rodríguez García añade una posible cuarta obra de Lope de Vega con el título de *Las amazonas*, según aparece en la primera lista de *El peregrino en su patria* de 1604 (2013: 171)[1]. Ya en el siglo XVIII, y por tanto fuera del ámbito en el que se centraban los estudios anteriores, encontramos la que aquí editamos, *Las amazonas de España* de José de Cañizares (1720), y, si quisiéramos, con anterioridad a ella podríamos incluir también la *Comedia famosa las amazonas de España y prodigio de Castilla*, de don Juan del

---

[1] Para Barrera y Leirado (1860: 428) esta comedia sería en realidad la misma que *Las mujeres sin hombres*, que aparece citada en el segundo *Peregrino*. Ferrer Valls, no obstante, considera que se trata de una obra diferente. Véase Rodríguez García (2013: 171).

Castillo (1701)[2]. Esta última, sin embargo, en realidad trata de la encarcelación de Fernán González, la defensa de Lara ante los árabes y la erección del monasterio de San Pedro de Arlanza (Burgos), con lo que su adscripción a la temática de las amazonas es cuestionable, si bien el mito de las mujeres guerreras aparece como un lejano eco para representar a Sancha de Navarra, esposa del conde, y a Elvira, su hija, cuya fortaleza y ardor castrense se alaba en la obra. Por último, podemos cerrar esta lista con el sainete de Ramón de la Cruz *La república de las mujeres* (1772), basado en la *petite pièce* de Marc-Antoine Legrand, *Les amazones modernes* (1727).

En todas estas obras (no cuento aquí la de Juan del Castillo), las principales amazonas, es decir, las reinas y personajes más cercanos, rompen con la regla social básica de la sociedad amazónica. Es decir, acaban por enamorarse de un hombre —el héroe— para, finalmente reintegrarse dentro del orden social establecido y, en el caso de las comedias de Lope, incluso subordinarse de una u otra manera al hombre del cual se enamoran.

En otros casos, como los de los dramas de Solís y Cañizares, la obra ya empieza mostrando la fragilidad de estas sociedades femeninas, pues sus monarcas (Menalife en la obra de Solís y Marfilia en la comedia de Cañizares, pero que en ambos casos se corresponden con la Menalipe del mito), se encuentran enamoradas antes de dar comienzo la historia del drama y dan repetidas muestras de celos dentro de su círculo más íntimo. En el caso de la obra de Solís, la reina Menalife rivalizará con su prima Miquilene y en *Las amazonas de España* ocurrirá lo mismo entre la reina Marfilia y Clorilene, su confidente y «privada».

En la comedia de Solís, las amazonas se rinden a las cortesías de los hombres —los sármatas— que, dirigidos por Astolfo y el rey Polidoro, las reciben de rodillas y con «caricias»:

POLIDORO	No ay quien al amor resista.
MENALIFE	Los sarmatas valerosos.
POLIDORO	Las amaçonas altiuas.
MENALIFE	Han vencido con rendirse.
POLIDORO	Rindiendo fueron vencidas (461)

En el drama musical de José de Cañizares y Giacomo Facco, la reina Marfilia, lejos de someterse al poder varonil, lo vence gracias a la inteligencia y el engaño para, así, salvar la vida de Celauro y, después de la victoria sobre Aníbal, determinar el destino de los personajes principales de la obra, tanto hombres

---

[2] Véase Rodríguez García (2013: 182) para entender las distintas disputas de títulos, autores y estudios de esta obra.

como mujeres, mediante el arreglo de sus respectivos matrimonios en la penúltima escena de la comedia[3]. Celauro, el príncipe francés, le confiesa su amor a Marfilia, a la cual se somete por la deuda que con ella tiene —«A ser tu esclavo la razón me mueve»—; Clorilene, por su parte, también acepta el amor de Aníbal, que le ruega «Si tu dicha gano, / vencido en todo y en mi sentimiento, / asistiré contento / a una y otra nupcial gloria festiva» y Clorilene acepta respondiendo: «Con mi mano te premio amor tan fino» (2.15). Por consiguiente, al final de la obra, como en todos los otros dramas de amazonas, al final de la representación se restaura un orden social organizado en torno al amor heterosexual y la convivencia pacífica entre hombres y mujeres. No obstante, al contrario de lo que sucedía en las obras de Lope de Vega, Tirso de Molina y Antonio Solís[4], en la comedia de Cañizares no son las amazonas las que se integran en una sociedad prioritariamente masculina, sino, más bien, al contrario. Es decir, serán los hombres de Aníbal los que pidan formar parte de la sociedad femenina regida por Marfilia.

El resultado es en apariencia el mismo: una sociedad heterosexual, pero es de suponer que el gobierno de esta unión sea diferente, ya que aquí la reina amazona, Marfilia, ha salido victoriosa. Gracias a su magnífico despliegue de inteligencia política consigue salvar la vida de Celauro y triunfar sobre Aníbal, a quien después Marfilia casa con Clorilene, su fiel confidente, eliminando toda posible amenaza, a la vez que mantiene el control sobre su nuevo aliado a través de su «privada».

LAS AMAZONAS DE ESPAÑA EN SU CONTEXTO POLÍTICO

Ya se ha mencionado antes que, durante la guerra de Francia, el rey Felipe V hubo de retirarse y regresar a Madrid a causa de una recaída de su enfermedad y que entonces fue la reina quien pasaría revista a las tropas españolas cumpliendo el papel de comandante en jefe que le correspondía a su marido (Kamen 2001: 126). Pocos meses después de aquel incidente la reina daría a luz a su tercer

---

[3] En realidad, más bien es la última escena, pues con ella se acaba la representación de la historia de las amazonas. No obstante, a continuación, encontramos una escena con la que se cierra la ópera, en la que recoge de nuevo el tema de la loa con la vuelta de Circe descendiendo del cielo para cantar al nacimiento del infante Felipe, «Con que el real trono de España, / se fortalece y deleita» (2.16).

[4] Abderite, en *Las justas de Tebas* se convierte al cristianismo para casarse con Ardenio; en *Las grandezas de Alejandro*, las amazonas le ayudan en su lucha contra los persas; en *Las mujeres sin hombres*, las amazonas acaban casándose con sus enemigos. De igual manera sucede en *Las amazonas* de Solís, donde las mujeres aceptan como un error vivir al margen de los hombres y deciden rectificar y unirse a los hombres con quienes iban a enfrentarse.

hijo, Felipe, y para celebrar tal ocasión, eligió que se representara en el Coliseo del Buen Retiro la ópera *Las amazonas de España* (1720), escrita por José de Cañizares y con música de Giacomo Facco. Juan José Carreras (1996: 54) ya ha señalado la fuerte conexión entre esta producción y la ópera italiana que se evidencia en la impresión del texto en forma de libreto en lugar de sueltas (como era habitual con las comedias españolas) para su distribución entre los miembros de la familia real y sus invitados. Otra novedad que aproxima esta ópera al modo italiano es la impresión separada de una lista de tramoyas, la división del drama en dos actos que se han estructurado en torno a las *arias da capo* con las que los personajes finalizan sus escenas y, por último, la sustitución del tradicional entremés por una danza de «matachines», que era una danza típica de la *commedia dell'arte* y que, en esta ocasión, había sido coreografiada por «Monsiur [sic] Christiani» y que, desgraciadamente no se ha conservado (López Alemany y Varey 2006: 133)[5].

La documentación del Archivo de la Villa de Madrid muestra el proceso de selección de esta comedia de Cañizares y, en concreto, el papel desempeñado por la reina en esta ocasión,

> Hauiendo expresado el Sr. Correxidor tener entendido ser del agrado de S.M. la Reina nuestra Señora que el festejo de la comedia que se ha de hazer en el Real Coliseo del Buen Retiro sea la de *Las amazonas de España*, escrita por don José de Cañizares, se acordó que por haora y en el ínterin que con más tiempo pone Madrid festejo de comedia en forma, se aga la referida ópera según y en la forma se a discernido en esta Junta, por parezer ser del gusto de S.M., como se ha hecho sauer al Sr. Correxidor (López Alemany y Varey 2006: 106).

No obstante, no es posible saber cuánta atención pudo poner la reina en esta selección o las razones por las que decidiera decantarse por esta obra y no otra. Sí tenemos, no obstante, algo más de conocimiento del proceso de selección de otras obras, como la que se representó en 1724 para celebrar el ascenso al trono de Luis I. Entonces, parece ser que, en primer lugar, el nuevo monarca mostró su preferencia porque se representase una comedia antigua de las de Pedro Calderón de la Barca, algo que no es una sorpresa pues este autor seguiría siendo el más representado tanto en el Coliseo del Buen Retiro como en los corrales de Madrid durante la primera mitad del siglo XVIII, tal y como documentó René Andioc en su *Teatro y sociedad en el Madrid del siglo XVIII*. Acto

---

[5] La danza de los matachines era una danza de la comedia del arte proveniente de las danzas de los *matti* y ya formaba parte de otras celebraciones españolas como las del Corpus Cristi desde finales del siglo XVII. Christiani también coreografiaría las contradanzas para la refundición de *Fieras afemina amor* en 1724.

seguido, y toda vez que estaba decidido el autor de la comedia, la «Junta de los Comisarios para las preuenciones de la aclamazión y leuantamiento del estandarte», elaboró una lista con una serie de obras que consideró apropiadas para «tan elevado asunpto» como era una proclamación real. La lista de comedias que se le propusieron a Luis I se componía de: *Fieras afemina amor*, *La fiera, el rayo y la piedra*, *La estatua de Prometeo*, *El golfo de las sirenas*, *El mayor encanto, amor* y *La púrpura de la Rosa* (López Alemany y Varey 2006: 231). El nuevo rey se decidió por la primera de la lista y elegiría *Fieras afemina amor*, que después se adaptó para «ponerla los metros para la música, arreglándola al estilo presente» (López Alemany y Varey 2006: 231 y 238).

Es posible que este fuera un procedimiento habitual y que en el caso de 1720 también se le propusiera a la reina que eligiera entre una pequeña lista de obras, tal vez con una breve descripción del argumento de cada una de ellas, ya que, al menos en el caso de *Las amazonas de España*, se trataba de una comedia nueva. Es muy probable que Cañizares ya hubiera terminado el texto de la obra en el momento de su elección e incluso también es probable que Facco tuviera también escrita la música, pues el «drama musical» se representaría escasos quince días después y los actores aún tenían que aprenderla.

Sea como fuere el modo en el que la reina escogió esta ópera de *Las amazonas de España*, lo cierto es que, si bien es difícil conocer los motivos y el proceso exacto de selección, sin embargo, es fácil comprender por qué el argumento de la comedia habría sido de su agrado. La trama de esta historia aparece resumida de la siguiente forma en el libreto que se distribuyó a los espectadores en su estreno:

> Pasando por la antigua Iliberi, hoy Colibre, comprendida en tiempo de los romanos en el dominio gálico, el capitán Aníbal a hacer la guerra al capitán, o príncipe que entonces era de la Provenza, aliado con Roma, fue detenido de las mujeres varoniles de aquel país que, apoderadas de las alturas de los montes, le disputaron bizarramente el paso hasta que le forzaron a venir a diferentes condiciones para allanarle.
>
> Sobre esta verdad de la historia, según los autores del margen,[6] se añade para fabricar el entrecho de la ópera, ser Marfilia princesa de aquel país, y habiendo venido el retrato de Celauro, príncipe de la Provenza, a su poder, inclinada a este héroe, que se hallaba fugitivo de los suyos en las montañas de Iliberi (si bien enamorado de Clorilene, prima de Marfilia) tomó a su cargo noblemente su defensa, aun a costa de sus sentimientos, tanto que, habiendo vencido las entradas Aníbal, y haciendo publicar no perdonaría sino es las imágenes de los dioses que hallase en

---

[6] Se refiere a una nota impresa en el margen del texto de 1720. «Plutarco: *Fanchet Antiquitez Gauloises*. Lib 1, Cap. 6. *Roman. Ocam*».

los templos, hizo vestir este príncipe en el hábito de la estatua de Marte, y haciéndole jurar que perdonaría también, le libró, y admitió por esposo, venciendo él su opuesta inclinación con el extremo de esta generosidad (2r-2v).

La ópera de *Las amazonas de España* presenta al espectador una reina sin miedo a la lucha armada pero que, en caso de que no sea la opción más oportuna o con mayores probabilidades de éxito, no duda en utilizar otro tipo de recursos, tales como son sus propios encantos personales, inteligencia política y un talento diplomático con tal de ablandar hasta los corazones más duros, como el de Aníbal. Gracias a su estrategia, Marfilia es capaz de salvar a su gente y al príncipe Celauro de una muerte segura y el príncipe francés quedará, entonces, eternamente en deuda con ella.

Los espectadores de este drama musical en el Coliseo del Buen Retiro probablemente no tendrían grandes dificultades para interpretar el argumento de esta obra en su contexto político y, así, ver un parecido razonable entre el comportamiento de Marfilia y el de la reina Isabel, como tampoco parece difícil que pudieran establecer ciertos parecidos entre el príncipe Celauro y Felipe V, eterno aspirante al trono francés y, con aún mayor interés, durante estos años (Kamen 2001: 126). La poderosa e inteligente mujer de estado, Marfilia, no se enfrenta a su enemigo de forma directa, sino que, en cambio, es capaz de lograr un tratado de paz conveniente para todas las partes evitando todo derramamiento de sangre, tal y como Isabel de Farnesio procura hacer al buscar una mayor influencia en las discusiones de la Cuádruple Alianza formada por Gran Bretaña, Francia, el Sacro Imperio Romano y los Países Bajos y que buscaba alcanzar un acuerdo de paz para el Mediterráneo que contentara a todas las partes tras la llamada «conspiración de Cellamare» y la subsiguiente invasión francesa del norte de España que desencadenó la guerra.

El príncipe italiano Cellamare, embajador de España en Versalles, animado por Giuliano Alberoni —el «favorito» de los reyes y en especial de la reina—, inició contactos con algunos de los oponentes del duque de Orleans como regente de Francia con tres objetivos: capturar al duque de Orleans, organizar una rebelión en la región de Bretaña y realizar una convocatoria de los Estados Generales de Francia. Aunque esta conspiración estaba en realidad fundamentalmente orquestada por la nobleza francesa —el duque de Maine, el cardenal Polignac, el marqués de Pompadour, y el duque de Richelieu—, la implicación española hizo que la guerra fuese de todo punto inevitable. Las primeras declaraciones de hostilidad vinieron de Inglaterra —como país afín a Francia y miembro de la Cuádruple Alianza—, que, en diciembre de 1718, ya envió una flota a Nápoles. La declaración formal de guerra por parte de Francia llegaría poco después, en enero de 1719. El duque de Berwick (otrora amigo y aliado del rey español, para el que había ganado la decisiva batalla de Almansa que asentó la victoria final del partido Borbón en la Guerra de Sucesión y también conquistó Barcelona en 1714) entraba de nuevo en España con un ejército de 20.000 hombres por la frontera vasca (Kamen 2001: 124).

Tras numerosos intentos del monarca español por detener la guerra contra quienes él consideraba su propia gente y su propio pueblo, finalmente, abatido por su depresión, decide retirarse a Madrid y, como hemos mencionado anteriormente, deja su lugar a la reina Isabel, que sin protesta alguna toma su puesto a la hora de pasar revista a las tropas en nombre de su esposo.

En realidad, en esta guerra, ni los franceses ni los ingleses tenían ninguna intención de incorporar España a sus territorios. Únicamente buscan castigar el atrevimiento español y lograr un nuevo equilibrio de fuerzas en Europa. Así, el duque de Berwick liberaba a los presos españoles constantemente y rehuía el combate directo siempre que podía, llegando incluso a dar la orden a sus soldados de no apresar a Felipe V si se diera el caso (Kamen 2001: 126). Igualmente, aunque la Marina británica atacó Galicia y ocupó y saqueó la región durante algunas semanas, después, sin ninguna razón aparente, abandonó las costas gallegas a pesar de no haber recibido ninguna contestación o presión por parte del ejército español. Mientras todo esto ocurría en la península, no obstante, las tropas españolas en Sicilia eran atacadas ferozmente por el Imperio que sí tenía gran interés por eliminar la presencia española en Italia.

España estaba a merced de la Cuádruple Alianza con la que no tuvo más remedio que reconciliarse e incluso incorporarse como miembro toda vez que se cumplió prontamente la primera condición que le impusieron: el destierro del ministro Giulio Alberoni, al que se consideraba en gran medida responsable de los intentos de desestabilización en el trono francés. Finalmente, y tras unas largas conversaciones de paz que concluyeron con la Paz de Cambrai (1724), España devolvía la isla de Cerdeña y renunciaba a recuperar los territorios italianos perdidos por el Tratado de Utrecht aunque, de otra parte, el resto de las potencias también reconocían los derechos del infante Carlos —primogénito de Isabel de Farnesio con el rey Felipe V— sobre Parma y la Toscana, lo que no dejaba de ser una enorme satisfacción para la reina. Poco después de llegar a estos acuerdos en la Paz de Cambrai, el rey sorprende a Europa con la noticia de la abdicación en su hijo Luis y se retira junto con su esposa al palacio de la Granja donde esperaba llevar una vida tranquila y dedicada a la oración.

En este contexto de 1720, por consiguiente, es en el que tiene lugar esta representación y en el que hemos de interpretar también esta loa que, no lo olvidemos, tiene lugar ante los reyes de España y, de forma vicaria, también ante el resto de las monarquías europeas, representadas en sus embajadores. Así, pues, nos encontramos a la figura de Europa, sobre un caballo, que baja sobre el escenario del Coliseo del Buen Retiro acompañado por América para cantar:

Canta AMÉRICA	Numen del Olimpo,
Canta EUROPA	dueño de la esfera,
A DÚO	que en seis atributos, que el orbe te rinde,
	Felipe pronuncian naciones diversas.
Canta AMÉRICA	A América escucha. 10
Canta EUROPA	Europa se alienta,
	pues por un Felipe, mil veces Felice,
	la América triunfa, se goza la Hesperia.

Así, en estos versos, Europa (la Cuádruple Alianza) reconoce al monarca español como «dueño de la esfera» del mundo, toda vez que las «diversas naciones» de Europa pronuncian su nombre (en la loa se comprueba además que decir «Felipe» es lo mismo que decir «Júpiter» de seis maneras diferentes) y en su nombre, «se goza la Hesperia», es decir, Italia[7], que es uno de los territorios discutidos en las conversaciones de la Cuádruple Alianza, aquí representados en este personaje alegórico de Europa.

Más adelante parece haber un aviso —nada menos que en boca de España— para esas «diversas naciones» indicando la importancia de la reina Isabel para todas las negociaciones que van a tener lugar pues la afinidad entre los dos es tal que hasta sus nombres tienen las mismas letras («…ni en esto quiere / que se encuentre diferencia») y, si el rey Felipe es el Sol (luminaria mayor), Isabel será la Luna (luminaria menor):

ESPAÑA	Ya que casual misterio 75
	le dio un número de letras
	a cada nombre de dos [Felipe e Isabel],
	a quien el Amor concuerda
	tanto que, ni en esto quiere
	que se encuentre diferencia. 80
	Lo que se propone es que,
	la coronada, la excelsa,
	metrópoli de dos mundos,
	silla del quinto planeta,
	corte de ambos luminares 85
	que ciñe el Amor de las estrellas
	logre aplaudir el natal.

El uso de naciones-personaje era una práctica habitual en la diplomacia teatral española y europea desde la centuria anterior (especialmente en los *ballets* franceses) como un instrumento para hacer reflexiones acerca del poder, la so-

---

[7] Para más detalles véanse las notas a la loa en la edición.

beranía, conflictos políticos y, naturalmente, la paz. Mediante estas alegorías, se visualizaban sobre el escenario los deseos de la corte que auspiciaba la representación para sus relaciones internacionales en una suerte de diplomacia alegórica que, junto con la música y baile acompasado (que en esta loa realizan tanto Número y Consonancia como Música y Representación), proyectan una sensación de armonía entre las naciones y el cosmos[8].

LA PUESTA EN ESCENA DE *LAS AMAZONAS DE ESPAÑA* EN EL COLISEO DEL BUEN RETIRO

Debido al escaso uso que se le venía dando al Coliseo del Buen Retiro para grandes espectáculos conmemorativos de la familia real y a que los motivos de la apertura del teatro eran similares, entre la documentación de las reuniones de la Junta de Festejos para preparar este espectáculo de 1720 encontramos numerosas referencias al modo en que se dispuso la celebración del nacimiento del príncipe Luis (futuro Luis I) en 1707 con la comedia de *Todo lo vence el amor*. La Junta de Festejos de Madrid formada para la celebración del primogénito de la reina Isabel tenía especial preocupación por todo aquello que tenía que ver con la demostración y percepción de poder y privilegio de las distintas facciones de la corte (los grandes, franceses, italianos) y los diferentes representantes internacionales en la corte, así como los Consejos y la ciudad de Madrid. Todas estas variables habían de sopesarse y, para no cometer ningún error, se consultaron todos los precedentes posibles una y otra vez antes de tomar decisiones acerca de la siempre difícil distribución de aposentos o cualquier otro elemento que pudiera alterar el precario equilibrio doméstico entre las distintas facciones cortesanas y el difícil momento diplomático en que se encontraba la Corona, en especial con los representantes de la Cuádruple Alianza[9].

---

[8] Es posible que la danza de matachines que coreografió «Monsiur Christiani», con mayor experiencia en los *ballets* franceses, apoyara también este mensaje, pero, al estar perdida la pieza, podemos aventurar muy poco acerca de ella. De las circunstancias de este *ballet* conocemos que Christiani cobró 240 reales de vellón (que es exactamente el doble de lo que cobró Salvador Navas por «el travajo que ha tenido de poner dos contradanzas en la comedia [en realidad, una en la loa y otra en el entremés]» (López Alemany y Varey 2006: 123, 132-133, 140). También sabemos que en esta danza de matachines se emplearon catorce actores a los que se adornó con sendas lanzas decoradas con plumas y penachos y que se hizo uso de un gran carro sobre el que se sentaría «la negra» con una máscara (ibídem 123).

[9] Así, para la preparación de la representación de *Las amazonas de España* en honor del nacimiento del infante Felipe, la Junta de Festejos revisó la organización que se empleó para celebrar el nacimiento del príncipe Luis en 1707. Esta, a su vez, había utilizado como modelo la disposición de los distintos poderes en el Coliseo para los fastos por el nacimiento del príncipe Baltasar Carlos

No obstante, fue la propia reina, como ya se indicó anteriormente, quien escogió esta obra de *Las amazonas de España* —en ocasiones referida en la documentación como *Las amazonas de Madrid* (López Alemany y Varey 2006: 122)— para celebrar el nacimiento de su hijo Felipe. Posiblemente lo hiciera porque le gustase el argumento y se identificase con el tema que trataba, pero, sin lugar a dudas, hubo de desempeñar un papel importante (o quizá decisivo) el hecho de que, aunque fuera una nueva comedia, ya estuviera escrita. Eso, además, explicaría la ausencia de remuneración a Cañizares por la escritura de la comedia, aunque sí la haya por la loa y el sainete que la acompañaban, y por los que la Junta acordó pagarle con una bandeja de plata, telas para una «chupa» y guantes, todo por valor de hasta 50 doblones (López Alemany y Varey 2006: 134). Igualmente, las compañías estaban casi listas para representar la comedia. Por este motivo, aunque habitualmente se compensaba a las compañías con 2.000 reales por actor y ensayo, en esta ocasión, «por tener la fiesta savida», se determinó que 1.500 deberían bastar para los primeros ensayos y 1.100 por los que hubieron de hacerse después de su estreno a los reyes para las representaciones a los Consejos y a la Villa (López Alemany y Varey 2006: 109).

LA ESCENOGRAFÍA DEL FESTEJO

En lo que se refiere a la tramoya y escenografía de esta representación, el pintor Pedro Peralta se encargó de casi la totalidad de la pintura correspondiente a la loa con un trabajo tasado por Teodoro Ardemáns en 1.850 reales (López Alemany y Varey 2006: 119-120). Por su parte, Juan Vicente Ribera se encargaría de las mutaciones para la comedia, aunque la mayor parte fueron alquiladas a la compañía de Juan Álvarez por un monto de 500 reales (López Alemany y Varey 2006: 133)[10] y, después, Ribera se encargaría de repintar y modificarlas para asegurar que se acomodaran a las particularidades de la obra que se representaba. Este sería el caso de la mayoría de los bastidores empleados en las mutaciones del bosque, la del salón, la armería, la de las tiendas de campaña y la del templo, por cuyos retoques el pintor recibió 3.800 reales (López Alemany y Varey 2006: 118-119, 139)[11].

---

en 1629. De esta manera, se mantenía una continuidad que apenas mostraba ninguna variante en la visualización de los poderes y enlazando los modos de la dinastía Austria con los de la dinastía Borbón sin solución de continuidad durante casi cien años.

[10] El pago se hace a Francisco Londoño.

[11] Es de notar aquí, no obstante, la dificultad para determinar exactamente el pago por cada trabajo, ya que no se encuentran desglosados y suelen incluir gastos de pintura, brochas, e incluso otras posibles tareas que se cargan a la misma cuenta.

Posiblemente la loa —que transcurría en un «templo de Júpiter»— fuera la parte más espectacular de toda la producción, ya que necesitaba del concurso de numerosas «máquinas» en un breve espacio de tiempo. En su comienzo los espectadores podían ver una primera cortina que contenía el mote latino de «me claro dimittit [sic por 'demittit'] olimpo. Virgi 4. Enei[da]»[12] y otro mote en castellano pintado en una cartela sobre un gran jarrón donde se leía la siguiente quintilla:

> Felice y Felipe, aquel
> tierno laurel de Borbón,
> que da el cielo a este dosel
> para la gloria de la unión
> de Filipe y de Isabel.

En el teatro cortesano, la cortina, o telón como se denominará más tarde, cumple una función similar a la que ya desde antes desempeñaba la loa. En ambos casos se trata de ayudar a que el espectador logre «pasar en un instante del teatro del mundo al mundo del teatro» (Egido 2009: 118). Sin embargo, cuando aparecen los primeros telones en los teatros de corte, estos no sustituyen a la loa, sino que buscan maneras de complementar su significado alternando los dibujos pintados sobre las cortinas con los actores que vuelan, cantan y se transforman sobre la escena. Sin lugar a dudas, eso mismo es lo que el público encontraría en esta combinación de cortinas, tramoyas y actores en la loa que prologa *Las amazonas de España* formando un auténtico *tableau vivant*.

La loa de esta comedia emplea el uso de dos cortinas, estando la segunda partida por el centro de forma que queda dividida en dos mitades. La primera tela cubriría toda la boca del teatro y sería muy simple, casi sin decoración alguna, al margen de los textos del mote latino y la quintilla castellana ya referida. Sin embargo, al levantarse esta primera se mostraría una segunda tela ricamente pintada con nubes y estrellas. Delante de esta cortina y en medio de la escena podría verse «un jarrón hermoso de flores coronado de siete muchachos que tienen siete rótulos». En la cartela del muchacho que está en el centro se lee 'Júpiter' y en las de los que se encuentran a su derecha pueden leerse las palabras 'Fulminator', 'Elicio' y 'Liceo'. En los rótulos de los jóvenes a la izquierda está escrito 'Ideo', 'Piseo' y 'Eleo'. En total, seis denominaciones distintas de Júpiter. Por ambos lados del escenario aparecen dos carros: el primero correspondería al personaje 'Música' «adornado ... de instrumentos, papeles, arreos y flores,

---

[12] La cita latina exacta es: «ipse deum tibi me claro demittit Olimpo regnator» (El propio rey de los dioses desde el Olimpo luminoso me envía) *Eneida*, lib. 4:268-269.

tirado de cuatro vientos» y, al otro lado se vería un segundo carro sobre el que se encontraba 'Representación' que, a su vez, estaría adornado de «trofeos militares y disfraces, tirado de ninfas y sátiros». Mientras esto ocurre, como hemos comentado, por el aire bajan «Europa en un caballo y América en un caimán» que cantan a dúo celebrando el nacimiento del infante. A continuación, «ábrese de rápido el jarrón; descúbrese Júpiter [que comienza a cantar] convirtiéndose las hojas, flores y ramos en un Sol que cubre toda la boca del teatro». La secuencia y esta última imagen en la que Júpiter se aparecía frente a los espectadores hubo de ser verdaderamente fabulosa ya que, de acuerdo con los gastos registrados para esta producción, Miguel López, rosero de Madrid, entregó al Coliseo 8.000 hojas, 400 rosas y cinco guirnaldas para adorno de tramoyas, más otras «1.100 ojas y una vanda que entregó para el vestido de las tramoyas» (López Alemany y Varey 2006: 137).

Al terminar sus intervenciones, «América» y «Europa», que recordemos habían bajado en un caimán y un caballo respectivamente, se elevarían hasta desaparecer llevándose en su salida una mitad de la segunda cortina cada uno de forma que se vieran flotando sobre el escenario «doce grupos de nubes hermosas en que están los doce signos con hachas en las manos»[13]. Sobre el suelo del escenario ahora se encontrarían «en pirámides y en prespectiva [sic], doce tiestos [...]. En medio, un trono de escala con barandas y diferentes cupidillos que se suben y bajan por ellas y en las barandas hay tiestos y delante una fuente [...]; y arriba, en un gabinete de luz y piedras preciosas se ve a España y, arrodillados delante en simetría, el Número y la Consonancia con sus coros bailando y los dos carros de la Música y la Representación hacen juego con lo restante de las tramoyas, todos con sus insignias».

La Música y la Representación cantan entonces un aria a dúo mientras seis de los doce grupos de nubes se abren y «quedan hechas carros descubriendo el nombre de Felipe», y después se hace de igual forma con los seis restantes grupos de nubes que descubren el nombre de «Isabel». En la siguiente mutación, la fuente se transforma en Circe y comienza una intervención que deja clara la intención italianizante del espectáculo al reconocer la superioridad musical del país de origen de la reina y cómo, aunque Madrid lo intente, no podrá sino únicamente aspirar a imitar los dramas musicales de los que la reina disfrutó en Italia:

> Circe soy, yo soy aquella
> mágica de quien Ovidio

---

[13] El uso de esta segunda cortina partida también lo encontrábamos en la representación de *Todo lo vence el Amor* de Antonio Zamora para la celebración del nacimiento del príncipe Luis (1707) que se había utilizado como modelo para el protocolo de esta función.

altas maravillas cuenta,
y pues aquí simbolizo   105
la maga industriosa idea,
con que Madrid a imposibles
quiere exceder sus empresas.
Aunque pese a la distancia,
yo transmutaré una escena   110
en música italiana,
y castellano en la letra,
a este teatro que, en fin,
aunque no tenga competencia,
remede a las que vio Italia,   115
supliendo cuando se emprenda
lo menos diestro de las voces
lo estrecho de las apariencias.

Tras esto, los doce tiestos de flores «conviértense en personas vestidas de velillo encarnado con toneles y bastones [...] y cantan y bailan mientras se van desvaneciendo las tramoyas y retirando los carros», y cuando terminan sus bailes y canciones, ocho de ellos se hunden por las trampillas del suelo mientras que los cuatro que quedan desaparecen volando para que seguidamente comience el «drama en música».

Como puede comprobarse, gran parte del valor de esta loa reside en una espectacularidad que no tiene nada que envidiar a aquellas comedias mitológicas de Calderón representadas ante Felipe IV o Carlos II y que aquí sirven de modelo tanto para la confección del texto de Cañizares como del espectáculo en sí mismo.

Tras la loa, la comedia de *Las amazonas de España* está dividida en dos actos: el primero de quince escenas y el segundo de dieciséis[14]. En el primer acto se emplean cinco mutaciones: una cámara regia con sitial suntuoso, que será el trono de Marfilia; un bosque con gruta en su lontananza con una fuente y también habrá un «gran peñasco»[15]; una mutación de bosque con tiendas donde se instalará el campamento de Aníbal; un salón real (probablemente la misma «cámara regia» de la primera escena y, por último, la habitación de Marfilia. Para el segundo acto, se volvería a necesitar la mutación del bosque y una nueva del templo de Marte que habría de tener un cielo transparente y ocho pirámides de luz que pudieran subirse.

---

[14] Alva V. Ebersole (a quien en esto sigue después Leal Bonmati 2011: 81) indicaba que Cañizares no hizo división de escenas hasta la publicación de *Amor aumenta el valor* de 1728, lo cual puede comprobarse es un error pues las dos comedias que aquí editamos sí lo hacen.

[15] De esta gruta se nos dice que ha de ser cóncava y se puedan ver dentro libros, un compás, un globo esférico y un banco.

Son, por consiguiente, mutaciones muy habituales en este teatro de tipo calderoniano —especialmente las de gruta e interior de palacio— que se usaban con frecuencia también en el teatro comercial, por lo que no nos sorprende que estuvieran disponibles en la compañía de Juan Álvarez y pudieran reutilizarse para esta ocasión. Lo llamativo es que el «sobreestante y tenhedor de materiales» del Coliseo del Buen Retiro, Félix Joseph Aguado, cuyo trabajo consistía en guardar y cuidar las tramoyas y bastidores empleadas en aquel teatro para abaratar el coste de futuras comedias, no las tuviera en su almacén, lo que tal vez pueda considerarse un indicador más del escaso uso que hasta entonces se le había dado a este teatro.

Las amazonas de España gozaron de 16 días de representaciones al público general de Madrid desde el 27 de abril hasta el 12 de mayo. Naturalmente, estas representaciones eran un gasto necesario que se pensaba quedaba compensado por el capital simbólico que generaba de cara a otras cortes europeas y al propio reino. Sin embargo, no por ello se descuidaba la contabilidad que, como siempre, se llevaba a cabo minuciosamente, y ha hecho posible que hoy sepamos, por ejemplo, que durante los dieciséis días que se representó al público, esta comedia produjo un total líquido de 30.283 reales y 17 maravedís de vellón, «la misma cantidad que entregó [Juan Manuel Osorio, administrador nombrado por Madrid] en arcas y quedó líquida del producto de la comedia que se representó a SS.MM. y después al público en el Coliseo del Buen Retiro» (López Alemany y Varey 2006: 143). Esta cantidad ayudaría a paliar el gasto que estas dieciséis funciones al pueblo de Madrid que alcanzó un total de 56.450 y medio de reales de vellón[16]. Todo esto, claro está, sin contar los gastos a fondo perdido de las representaciones al rey y a los Consejos y que serían, naturalmente, muy superiores.

Además de las funciones en el Coliseo del Buen Retiro de Madrid en abril de 1720, también tenemos constancia de que esta comedia se representó en el Corral de la Cruz los días 30 de julio, 6, 10, 13 y 15 de agosto de 1724 por la compañía de Manuel de San Miguel (AVM, Secretaría, 1-369-1; Libro de cuentas del Corral de la Cruz) y también consta una representación bien conocida en Lisboa, en 1728, como parte de las celebraciones por el casamiento del entonces príncipe de Asturias, don Fernando de Borbón, con la infanta de Portugal, María Bárbara de Braganza en el palacio del marqués de los Balbases (Cetrangolo 1992: 81). Por su parte, Sergi Casademunt ha identificado una versión a lo divino del aria «Reynar más es penar» en la Biblioteca de Cataluña (M 761/10), testimonios a los que se han de sumar tres folios plegados encontrados también

---

[16] Nótese que el total recogido en López Alemany y Varey (2006) debe ser corregido, pues inicialmente el coste aparece como 56.540 reales y medio, si bien luego, en el desglose, es corregido y aparece la cifra correcta de 56.450 reales y medio.

por Casademunt y ya descritos e identificados anteriormente por José Subirá en su estudio de *La música en la Casa de Alba* (1927: 263-264) como pertenecientes a *Las amazonas de España.* Estos testimonios, a la luz del escaso desarrollo de la imprenta musical en la España de la época, han llevado a Casademunt (2001) a afirmar que «nos encontramos delante de una obra importante en su época, que va a contribuir notablemente a la difusión del estilo italiano en la península». Más recientemente, en el año 2004, el grupo de música antigua conocido como «Los músicos del Buen Retiro» realizaría una excelente grabación de esta ópera interpretada en el Festival de Música Antigua de Aranjuez y recogida en formato de audio digital, siendo esta la primera grabación de la música que Giacomo Facco compuso para esta ópera.

LA HAZAÑA MAYOR DE ALCIDES (1723)

La representación de *La hazaña mayor de Alcides* (1723) ha de entenderse en relación con la producción de *Angélica y Medoro* llevada a cabo el año anterior sobre el texto preparado por Antonio de Zamora para conmemorar el matrimonio del príncipe Luis con Luisa Isabel de Borbón-Orleans, tercera hija del duque de Orleans y regente de Francia entre 1715 y 1723. En ese mismo año de 1723, Luis XV (1710-1774) alcanzaría la mayoría de edad necesaria que le permitía acceder al trono. A la vez que se arreglaba el enlace del príncipe español, también se negociaba el de la infanta María Ana Victoria (1718-1781) con el referido heredero francés, Luis XV, que en aquel momento contaba con doce años de edad. Como resultado del fortalecimiento de sus relaciones, Francia había enviado a España un nuevo embajador, el perceptivo marqués de Saint-Simon, quien sería el encargado de pedir la mano de la infanta en nombre de Luis XV. Este embajador nos dejaría un fabuloso testimonio en forma de *mémoires* que, si bien no exento de prejuicios, presenta un detallado cuadro de la corte española de aquellos años y de la estrecha colaboración entre Felipe V e Isabel de Farnesio, tanto en lo personal como en los asuntos que se refieren al gobierno de España.

En esta serie de celebraciones, *La hazaña mayor de Alcides* viene a conmemorar el compromiso matrimonial —no aún el enlace— del infante don Carlos (1716-1788) con la segunda hija del regente francés, la princesa Felipa Isabel de Borbón-Orleans (1714-1734). En esta ocasión, al contrario que en el caso de *Angélica y Medoro*, será José de Cañizares quien reciba el encargo de componer la comedia con que celebrarlo en el Coliseo del Buen Retiro. En los festejos de 1722, como se ha dicho, fue Antonio de Zamora quien compuso la comedia, mientras que Cañizares pudo escribir la loa y sainetes que la acompañaron, aunque hasta fechas recientes se le venía atribuyendo por equivocación el drama y la totalidad del festejo a Cañizares (Carreras 1996: 67-68; López Alemany y Varey 2006: 187).

Para esta nueva promesa de matrimonio, no obstante, la Junta de Festejos decide que, efectivamente, sea nuestro autor quien se encargue de escribir tanto la pieza principal como la loa y el sainete[1]. La documentación del Archivo General de la Villa de Madrid deja constancia de las prisas de la Junta en las preparaciones de la fiesta. Así, aunque la Junta toma la decisión sobre la comedia el 29 de diciembre, para el 3 de enero José de Cañizares ya ha aceptado el encargo de manera informal, si bien no será sino hasta el 12 de enero cuando reciba la invitación oficial para escribir «una comedia zarzuela». En esta invitación no consta un plazo concreto para la entrega del manuscrito, sino que se explica que la representación será «el día que S.M. se sirviere señalar» y se le ruega que, por tanto, la termine lo antes posible. Cañizares debió de tomarse esta petición muy en serio (y probablemente ya la tenía iniciada) porque consta que ya el 8 de febrero estaba concluida tanto la loa como la comedia, e incluso Giacomo Facco había tenido tiempo de ponerle música al primer acto (López Alemany y Varey 2006: 208-210).

En lo político, los enlaces del príncipe Luis con Luisa Isabel, de María Ana y Luis XV y del infante Carlos con Felipa Isabel son consecuencia del acuerdo diplomático alcanzado tras la derrota española en la Guerra de la Cuádruple Alianza. En el Congreso de Cambrai que siguió (1721-1724), Francia devolvía Fuenterrabía y San Sebastián a la Corona española, mientras que Felipe V hacía lo propio con Cerdeña, a la vez que renunciaba formalmente a recuperar los territorios ya perdidos en Italia y el emperador abandonaba sus pretensiones sobre el trono de España. No obstante, a pesar de las severas pérdidas de España en esta paz, como ya se ha indicado, Isabel de Farnesio logró salir prácticamente ilesa, pues se acordó que se respetaran los derechos dinásticos de su hijo Carlos sobre Parma y Toscana.

Los matrimonios referidos habrían de actuar como sello o rúbrica de la nueva era de amistad que se iniciaba entre ambas naciones. Sin embargo, Luisa Isabel enviudaría de su esposo Luis I pocos meses después de que este accediera al trono en 1724; por su parte, el compromiso entre el infante don Carlos (futuro Carlos III) con Felipa Isabel se rompió también al poco del fallecimiento del duque Orleans en diciembre de 1723 ya que, entonces, Isabel de Farnesio estimó que la francesa había dejado de ser el mejor partido posible para el infante

---

[1] En realidad, dos: un «Intermedio» que nunca se llegaría a representar y, también, el sainete que finalmente se puso sobre las tablas. En este volumen editamos ambas piezas.

español. Así, el 17 de mayo de 1725, Felipa Isabel, que a pesar de todo lo acontecido se había ganado el afecto de la corte madrileña, fue devuelta a Francia de forma humillante junto con su hermana viuda, Luisa. Por su parte, los franceses devolvieron a España a María Ana Victoria, casada con Luis XV de Francia pero que, debido a su tierna edad había vivido separada del monarca francés a la espera de que alcanzara la edad de poder concebir. Así pues, el matrimonio nunca había llegado a consumarse (Kamen 2001: 155).

LA ÓPERA EN SU MARCO CORTESANO

En cuanto a la relación temática de esta ópera como aviso a la corte, cabe señalar que, si en *Las amazonas de España* (1720) Marfilia era capaz de salvar a su pueblo gracias a su astucia y encantos personales, tema que se continúa con los amores del guerrero sarraceno y la princesa oriental de *Angélica y Medoro* (1722), la temática de la comedia de *La hazaña mayor de Alcides* (1723) lleva aún más allá las propuestas de la anteriores mediante la sumisión del héroe masculino, Hércules, a la fascinante personalidad de una princesa, Ónfale. Esta temática de la supremacía de la reina sobre héroes y reyes masculinos encontrará su punto culminante un año después, en 1724, con la refundición de *Fieras afemina amor* que se pone en escena con motivo de la proclamación de Luis I. Con esta última, *La hazaña mayor de Alcides* comparte, además, el mismo tema mitológico: la seducción y «afeminación» de Hércules por parte de Ónfale de manera que el héroe acabe reducido a satisfacer los antojos y deseos de la reina. Como ya veíamos en el caso de Aníbal en *Las amazonas de España*, en estos otros dos dramas musicales también Hércules se enamora perdidamente de la princesa, con lo que todo su poder y voluntad se disipan cuando se halla en su presencia[2].

La trama de esta ópera toma como punto de partida —aunque luego lo trate de forma muy libre— el último de los doce trabajos de Hércules: la bajada de Hércules al Hades para enfrentarse a Cancerbero. En la versión de Cañizares, tras vencer y atar a Cancerbero con una cadena, Plutón concede a Hércules la liberación de uno de los presos (Acto 2, Escena 18):

> PLUTÓN   Esta es la vez primera que es flexible
>   mi duro imperio, mi poder terrible,   455
>   pero pues traes decreto de que intentes

---

[2] El tema de la pérdida de ciertas características de la masculinidad al enamorarse de la mujer es un tópico de la literatura y cultura judeocristiana presente en la literatura desde la propia narración bíblica de Sansón y Dalila.

librar uno de dos que están presentes,

Aria

Elige luego
y vete, Alcides,
de esta mansión.   460
  Que no consiente
ningún viviente,
la que es del fuego,
jurisdicción.

Así pues, la comedia combina el último de los trabajos de Hércules con la leyenda de cómo después de vencer en las doce pruebas, finalmente el héroe sucumbe al poder seductor de Ónfale para, así, abandonar su vida de aventuras y permanecer junto a la reina en el palacio de Lidia. Esta amalgama mitológica se complica aún más al mezclarse con la de las arpías que atormentaban a Fineo, rey de Tracia (*Eneida*, III, vv. 209-268). El propio Cañizares reconoce que no sigue completamente la leyenda clásica cuando hacia el final del segundo acto, Pirítoo recibe el perdón por parte de Plutón en lugar de ser ahogado por Cerbero. Entonces Pirítoo, en una reflexión metadramática, le pregunta a su carcelero: «¿Y qué dirá quien este suceso lea?», a lo que Pluto le responde: «Que no fue así, pero es razón que sea» (Acto 2, Escena 19)[3].

Curiosamente, el Salón de los Espejos del Alcázar de Madrid contenía por aquel entonces una pintura de Artermisia Gentileschi (1593-1656) titulada *Hércules y Ónfale* que hacía referencia a este episodio[4]. Es muy probable que Isabel de Farnesio, cuya afición por la pintura es bien conocida, pasara muchas horas en este salón y conociera bien este cuadro en el que, tal como lo describía Margaret R. Greer, se podía ver a un amoroso Hércules alegremente ayudando a las mujeres con sus labores de rueca (1991: 162). Una tierna escena doméstica que no habría desentonado si Cañizares la hubiera querido incluir como final de esta comedia.

En el argumento de la ópera de *La hazaña mayor de Alcides* (también llamada *El blasón mayor de Alcides* en la documentación), Hércules y Pirítoo (Piríctoo en el manuscrito) unen sus fuerzas contra Ónfale, quien, a su vez,

---

[3] Este mismo descargo de Cañizares recuerda notablemente a aquel que hiciera Antonio Zamora un año antes en *Angélica y Medoro* cuando el gracioso Malandrín, casi al final de la comedia, justificaba las disonancias entre el texto de Ariosto y el representado: «Pues aunque cuente / otros distintos casos el *Ariosto*, / considere el que cuide de su fama / que uno es poema y otra melodrama» (1722: 42r-42v). La poca fidelidad de ambos autores a los clásicos sería la justificación —aunque posiblemente el motivo principal sea de rivalidad personal— de don Armengol para su vituperio de Zamora y Cañizares. Véase Bermejo Gregorio 2017.

[4] La pintura fue encargada por Felipe IV y destruida en el incendio del Alcázar de 1734.

está enamorada de Teseo, su aliado en esta guerra. Cuando Hércules y Teseo se dan cuenta de que se encuentran en bandos diferentes deciden suspender el enfrentamiento y declarar la paz pues, por el respeto que sienten el uno por el otro, son incapaces de enfrentarse en el campo de batalla (Acto 1, Escena 2):

HÉRCULES	Cielos santos, ¿qué miro?	
TESEO	¿O es ilusión que admiro?	40
HÉRCULES	¿O es sombra a quien no creo?	
TESEO	¿O eres Hércules tú?	
HÉRCULES	¿O eres Teseo?	
	....	
HÉRCULES	¿Pues en Lidia qué haces y qué dices?	
TESEO	Esas errantes tropas infelizes	
	que destroza tu diestra vencedora,	50
	de la divina Ónfale (a quien adora	
	mi pecho) son, y yo soy quien las mando.	
HÉRCULES	Acabara tu voz de estar dudando.	
	¡Hola, soldados míos!	
	¡Tened las armas! ¡Suspended los bríos!	55
	¡A recoger con orden y destreza!	
	Mira si te obedece mi fineza,	
	aun sin mandarlo. ¿Es esto lo que quieres?	
	Pues ya servido estás.	

Hércules entonces visita a Ónfale para notificarle la decisión y se enamora de ella nada más verla. Mientras tanto, Júpiter, enfadado aún con Teseo por el secuestro de Elena, los condena a él y a Pirítoo al infierno. Ónfale, que recibe noticia de esta condena le ruega a Hércules que descienda al Hades para rescatarlos. Este, tras vencer a su carcelero (Cerbero), recibe el permiso de Pluto para liberar a uno —y solo uno— de los dos prisioneros. Así pues, Hércules se debate entre complacer a Ónfale y liberar a Teseo —su rival por el amor de la reina— o sacar de la prisión a Pirítoo, su amigo y camarada en la guerra. Finalmente, no sin gran lucha interior, Hércules decide salvar a Teseo y así poner la felicidad de Ónfale por delante de sus propios deseos y deberes de lealtad (Acto 2, Escena 18):

HÉRCULES	De contrarios afectos impelido,	
	el amor ha vencido.	495
	Viva infeliz y muera desdichado.	
	Perdona Pirítoo, que ha triunfado	
	Ónfale soberana.	

Perderla quiere, airosamente ufana,
mi obediencia rendida.   500
Ven, pues, Teseo, y quítame la vida.

Esta acción de Hércules es considerada, entonces, como la mayor prueba de su amor desinteresado por Ónfale y, por consiguiente, también su mayor triunfo, con lo que, al vencerse a sí mismo, justifica también el título de la ópera: *La hazaña mayor de Alcides*.

La audiencia de este espectáculo, especialmente la que acudía a la representación que se hacía a los reyes, estaba acostumbrada a leer entre líneas y, por tanto, probablemente también estaría en disposición de interpretar esta deslealtad de Hércules a su camarada Pirítoo en la clave diplomática y cortesana en la que se enmarcaba. Por ejemplo, el caso del cese de hostilidades entre dos rivales —Hércules y Teseo— que, aunque se respetan se han visto enfrentados por causas ajenas, sería reflejo de las mismas hostilidades entre España y Francia. Pero no únicamente ese caso, también la deslealtad de Hércules (imagen del monarca español)[5] a su camarada Pirítoo por amor a Ónfale podría ser interpretada en clave cortesana tanto por las facciones internas como por los embajadores invitados —y, por tanto, a las monarquías que representaban—, como una llamada de atención acerca de la importancia de la reina en las decisiones de la Corona. Es decir, que a pesar de los problemas políticos y diplomáticos que la ambición de Isabel o sus consejeros pudiera acarrear, la dependencia amorosa que Felipe V tenía de la reina era más fuerte que cualquier alianza o enfrentamiento diplomático.

Efectivamente, esta ópera se llevó a la escena en un momento en el que las Coronas de Francia y España buscaban estrechar sus lazos familiares como medida para garantizar la paz en sus territorios. La fábula de esta representación de Cañizares y Facco parece establecer una serie de analogías entre el desenlace de la historia mitológica y la reciente coalición entre España y Francia sellada mediante el compromiso matrimonial que esta representación celebraba. Como ya vimos con *Las amazonas de España*, los franceses habían forzado el abandono de Giuliano Alberoni —consejero de la reina— de su responsabilidad como ministro y habían exigido su posterior destierro como condición para comenzar las negociaciones con las que pretendían restablecer la paz y la confianza que se había roto por la ya referida conspiración de Cellamare[6]. Una vez cumplidas

---

[5] El Salón de Reinos del Palacio del Buen Retiro contenía un ciclo de diez pinturas con representaciones de Hércules realizadas por Zurbarán. Estas pinturas, a su vez, se alternaban con retratos de monarcas españoles y representaciones de las más importantes batallas españolas con el objetivo de conectar el linaje de los Austrias con aquel del héroe mitológico (Brown y Elliott 1980: 159-161; Greer 1991: 161).

[6] Véase la sección «*Las amazonas de España* en su contexto político» de esta introducción.

estas condiciones, Felipe V decidió reemplazarlo con Annibale Scotti, plenipotenciario del duque de Parma, y un hombre de aún mayor confianza de la reina. El poder de la reina Isabel para continuar influyendo en la política exterior española, por tanto, no se veía dañado: al contrario, quedaba fortalecido gracias al apoyo de un ministro igualmente fiel y mejor preparado para defender sus intereses.

El uso que hace José de Cañizares de la sorpresiva llegada de una misiva es un recurso dramático poco original e incluso podríamos calificar como facilón para efectuar un giro en la fábula dramática a favor del héroe y probablemente no debamos de leer más en ello desde el punto de vista de la composición dramática. No obstante, desde el punto de vista político, es probable que esta misiva teatral incautada por Ónfale le recordara a más de un diplomático y cortesano a aquellas famosas cartas del embajador Cellamare cuya intercepción habían sido causa de la guerra con Francia y cuya paz lacraba esta representación. En la ópera, Ónfale rechaza a Teseo tras informarse a través de esta carta de que le ha sido infiel con Elena (Acto 2, Escena 20) y, por ese motivo, decide casarse con aquel que ha demostrado estar siempre a su completa disposición y servicio, incluso por encima de su propio gusto y obligación, Hércules (Acto 2, Escena 21):

ÓNFALE   Pues premiaros, Alcides, es mi intento,
            ¿qué prenda anhela vuestro pensamiento
            que os conceda mi pecho agradecido?
HÉRCULES   Dame a besar tu mano, esta te pido.
ÓNFALE   ¿Pues yo no te la he dado?   555
            Mas, ¿qué he de hacer si tú te las has tomado
            y Teseo por otra me enajena?

Pirítoo, que había estado enamorado de la mujer de Pluto, recibe el perdón de Ónfale —trasunto de la reina Isabel en este drama— que a partir de este momento ocupa un papel habitualmente reservado en el teatro barroco español al personaje masculino más importante en escena: asignar su destino final a cada uno de los participantes en esta historia. De esta manera, tras tomar a Hércules como esposo, une las manos de Electra con las de Pirítoo, mientras que Teseo, que había traicionado su confianza, es el único que permanece sin pareja en el escenario.

Esta «comedia zarzuela» celebra la paz alcanzada y, como decía la loa, quiere «[reiterar] el amor de ambas naciones / tejidos con las lises los leones» (vv. 26-27). Por ello es necesario que al final del espectáculo tenga lugar la condena de un chivo expiatorio con que también cicatrizar las heridas causadas y cerrar las fracturas diplomáticas ocasionadas. El drama de Cañizares hace todo esto posible en el destino final del personaje de Teseo, figura del ministro Alberoni, que se nos muestra en la escena final solo, desterrado y rechazado por todos frente a los reyes, la corte y los embajadores que, mientras cae el telón, aplauden el fin de la guerra y la nueva alianza hispano-francesa. La misma escena final se repetirá en las sucesivas representaciones a los Consejos y al pueblo de Madrid que, con sus aplausos, rubricarán también este satisfactorio final.

LA PUESTA EN ESCENA DE *LA HAZAÑA MAYOR DE ALCIDES* EN EL COLISEO DEL BUEN RETIRO

La representación de la loa

Como es de esperar, son muchas las similitudes entre la loa que Cañizares escribió para *Angélica y Medoro* el año anterior y la que precedió a la comedia *La hazaña mayor de Alcides*. En ambas encontramos referencias a las repercusiones de los enlaces matrimoniales para los niños implicados, pero también a los beneficiosos efectos de estas uniones para las relaciones diplomáticas entre ambas naciones y sus respectivos linajes. Así, aquellos que ocuparon los aposentos del teatro durante la función a los reyes de *Angélica y Medoro* pudieron ver en la cortina que aún tapaba la boca del escenario una tarjeta pintada un terceto que decía: «Uno y otro real consorcio / harán eterna la unión / del Lirio con el León». Por su parte, en la loa a *La hazaña mayor de Alcides* que celebra el desposorio de Carlos y Felipa un año después se incide en esta misma idea cuando el personaje 'Obsequio' recita:

> ... hoy es el día
> en que a las glorias de esta monarquía
> otro blasón añade la unión bella
> de Carlos y Filipa, porque en ella   25
> reiteren el amor de ambas naciones,
> tejidos con las lises los leones...

Asimismo, ambas loas de Cañizares recogen también una necesaria —y quizá un tanto forzada— alabanza a la dinastía de la reina española indicando en el caso de *Angélica y Medoro* que, no únicamente gracias a los «trofeos borbones», sino también a las «glorias farnesias, / asegura la Francia / su dicha eterna» (Loa, vv. 131-133), idea que se refuerza en *La hazaña*, que «... de Farnesio a la suprema aurora, / que del orbe español los polos dora» (Loa, vv. 28-29). Además de estos mencionados, hay otros puntos de contacto entre ambas piezas debido al tratamiento de la juventud de los contrayentes a través de los personajes de 'Lucina' e 'Himeneo'.

A pesar de ello, también hay algunas diferencias conceptuales de importancia fácilmente explicables por la diferencia de la calidad de los desposorios. En el caso de la loa a *Angélica y Medoro* se elogia el matrimonio del príncipe heredero de España y, por consiguiente, el contenido de la breve pieza dramática se centra, orgullosa y triunfante, en lo vasto del dominio hispánico reflejado en los personajes de 'Asia', 'América', 'África' y 'Europa', que representan las cuatro partes del mundo —amplificando de esta manera la aparición de los personajes de 'América' y 'España' que ya encontramos en la loa a *Las amazonas de España*—, e incluso la aparición del personaje de Asturias en representación del propio heredero español. La interacción sobre la escena de estas representaciones alegóricas de los continentes en forma de personajes que rinden homenaje a los jóvenes príncipes —y por extensión a las Coronas francesa y española— que posteriormente aparecen en escena en un cuidado ejercicio de equilibrio descrito en la acotación de la siguiente manera: «en el piso del tablado están París y Madrid, coronados con mantos imperiales, una corona en la mano y corro de danzarines, mitad vestidos a la española y mitad a la francesa». De igual forma también se miden con exactitud y mediante paralelismos los elogios mutuos para, por último, apelar a la alianza que este matrimonio habría de traer, y cuyas consecuencias acaban de celebrar (y, por tanto, aprobar) las cuatro partes del mundo[7] (5r):

MADRID	Con dos motivos, que es uno
PARÍS	Con dos causas no diversas,
MADRID	Pues el amor
PARÍS	y la sangre
MADRID	las enlaza
PARÍS	las estrecha

En el caso de *La hazaña mayor de Alcides* se festeja el compromiso de quien ocupaba el tercer lugar en la línea sucesoria y cuyo acceso al trono nadie podría haber anticipado. Por ello, el tema principal de esta breve pieza introductoria (únicamente 87 versos) es el amor de los contrayentes que, naturalmente, no son solo Carlos y Felipa sino, sobre todo, las Coronas de España y Francia. Este «amor» entre ambas naciones se ve reforzado ahora con los numerosos lazos familiares ya pactados y en los que la loa se recrea:

---

[7] Esta visión de una alianza hispano-francesa en busca de una hegemonía que encontramos en la loa de Cañizares sería contraria al espíritu de la nueva diplomacia europea que, desde el Tratado de Utrecht con que se cerró la Guerra de Sucesión española, buscaba la paz a través de un equilibrio de fuerzas (sin una nación preponderante) en Europa y que sería el modelo diplomático que, si bien fallido, se impondría en el Congreso de Cambrai.

OBSEQUIO   Pero si hoy es el día
                  en que a las glorias de esta monarquía
                  otro blasón añade la unión bella
                  de Carlos y Filipa, porque en ella   25
                  reiteren el amor de ambas naciones,
                  tejidos con las lises los leones;
                  si de Farnesio a la suprema aurora,
                  que del orbe español los polos dora
                  y, en la augusta Mariana peregrina,   30
                  el trono de las Galias ilumina;
                  si de Luis, de Fernando,
                  y Filipo el honor se ensalza cuando
                  aplaude España tan heroico asunto.

Todo ello para acabar con un «... ¡Viva Filipo! / ¡Reine, mande, triunfe y venza!» (vv. 84-85) justo antes de que se descorriese la cortina para empezar el primer acto de la comedia con una batalla en un puerto de mar en defensa de su reina.

Representación de la comedia

Al término de la loa, Obsequio introduce la comedia con un pequeño prólogo explicativo:

OBSEQUIO   Así será, y pues rasgando
                  las cerúleas ondas crespas,
                  la armada real de Euristeo   70
                  al puerto de Lidia llega,
                  de la ópera el principio
                  se enlace con la postrera
                  sílaba de la que es breve
                  introducción de la fiesta,   75
                  La hazaña mayor de Alcides.

A estos versos le siguen otros con los que se celebran las dinastías Borbón, Orleans y Farnesio para, como se ha dicho, concluir con un coro de ocho personas que gritan: «¡A impedir el desembarco! / ¡A ganar la playa opuesta!» (vv. 86-87) que son los mismos versos con los que se inicia la ópera, de manera que diluya cualquier separación (también de interpretación simbólica) entre la loa y el drama.

Las tramoyas de la comedia

La tramoya de la primera mutación, de «puerto de mar», constaba de diez bastidores y hacia adentro, en el foro, se dispondrían los bajeles y otros barcos, incluyendo uno más grande para el desembarco de Pirítoo y Hércules con sus hombres y para la cual también se echó mano de unas «olas de torno» y de una «lontananza marina» que estaban guardadas en el almacén del Coliseo del Buen Retiro y que, junto a otras bambalinas que se lograron reutilizar también para otras mutaciones supusieron un ahorro significativo para las arcas de la Villa de Madrid, que sufragaba la fiesta[8]. Para la segunda mutación de Salón Real, sabemos que Pedro Ribera hizo un dibujo que debía servir de guía para los pintores[9] y que debía contar un «foro grande de arquitectura»[10].

La tramoya de la tercera mutación, que aparece identificada como «Jardín delicioso con despeñaderos y estanques de aguas y varias fuentes», está descrita con algo más de detalle en el acuerdo al que la Junta de Festejos llegó con el pintor. En este acuerdo se nos dice que será un «jardín con fuentes sueltas y la cascada en el frontis con estatuas, el foro de palacio y bosque de foro adentro, dos chozas en los primeros bastidores del bosque y dos aparadores grandes y las bambalinas que correspondiesen»[11]. Sabemos también que, de nuevo, en este caso pudieron reutilizarse «seis lienzos de bastidores [del] último foro, mutación de jardín los quatro [bastidores] y los dos [bastidores] de bosque»[12]. Asimismo, conocemos igualmente que estas mutaciones casi hubo que pintarlas enteras de nuevo y, de acuerdo con los detalles que encontramos en la documentación, esta vez «con un zenador y una estatua en medio» y parece que los dos bastidores que hacían de bosque son los únicos que no hubo que rehacer, aunque hubieran de pintarse otros ocho más[13].

De la mutación de «Abismo con estancia separada y trono de Plutón», la cuarta de esta ópera, el texto nos indica que tendría un «forro cerrado en el que se fingen las puertas del palacio de Plutón» (Acto 2, Escena 17). En la documentación de la obra tampoco encontramos muchos más detalles, pero sí algunos relevantes, como que debe incluir «todas las figuras que se pidieren y manifiesta el dibujo y, de foro adentro, gabinete de luzes, transparente todo»[14].

---

[8] López Alemany y Varey 2006: 209 y 225.

[9] Ibídem, p. 209.

[10] Ibídem, p. 220.

[11] Ibídem, p. 209.

[12] Ibídem, p. 225. En concreto, parece que pudo usarse la mutación de bosque pintado que se hizo para *Angélica y Medoro* el año anterior. Véase ibídem, p. 202.

[13] Ibídem, p. 221.

[14] Ibídem, p. 209.

Por último, para la quinta mutación, denominada en la comedia como «Templo suntuoso de Júpiter de medio punto con tres naves y en su lontananza, las aras de este dios» y en la documentación, únicamente como «templo calado», también los papeles de la contabilidad y negocio de la fiesta nos aportan algunos detalles de interés. Por ejemplo, se nos indica que debía estar «adornado de los trofeos que pareziere, toda de blanco y oro hasta el foro de adentro con el ara o altar»[15] y que, aunque se trató de utilizar una vieja —probablemente la del templo que se empleó en *Angélica y Medoro*[16]—, al final hubo que rehacerla casi entera porque le faltaban cuatro bastidores, además de que lo que originalmente se pensó que fuera blanco, luego se decidió que se pintara de azul.

Toda esta maquinaria, naturalmente, necesitaba de un grupo de expertos que la manejara de forma conveniente. Así, se contrataron nueve maestros tramoyistas, a razón de 10 reales de vellón cada una de las tres funciones hechas al rey, a los Consejos y al pueblo de Madrid, a los que han de sumarse otros catorce oficiales tramoyistas que recibieron entre siete y ocho reales de vellón por cada día de trabajo.

El intermedio y el sainete

Para este volumen editamos un «intermedio» y un sainete. Sin embargo, únicamente uno de los dos parece que llegó a representarse sobre el Coliseo y, por lo que podemos deducir de la documentación, parece que este podría haber sido el sainete, pero las evidencias no son concluyentes. Ambas piezas tratan del tema de las celebraciones que se hicieron con motivo de las bodas, siendo el intermedio significativamente más breve que el sainete. No obstante, por algún motivo que desconocemos, a pesar de que ya se había impreso una de estas dos piezas junto con la comedia, se decidió descartarla y reemplazarla por la otra para la representación.

El impresor Manuel Román, en la cuenta que presenta a Francisco Antonio de Salcedo, marqués de Vadillo, como corregidor de Madrid y representante de la Junta de Festejos, recoge una entrada en la que se consignan «500 traslados que se tiraron de el pliego de el entremés, el qual no sirvió por haverse puesto otro en su lugar, a los dichos seis maravedís hazen 88 reales y ocho maravedís. Más de el molde de dicho pliego, 30 reales»[17]. El dicho pliego podría ser el que aparece señalado como C en el ejemplar impreso custodiado por la Biblioteca

---

[15] Ibídem, p. 209.

[16] Ibídem, p. 202.

[17] Ibídem, p. 224.

Nacional de Francia. Ni en esa ni en ninguna otra cuenta de los gastos de esta representación consta una petición o un pago relativo a la pieza que lo sustituyó y debido al escaso tiempo con que se hicieron los preparativos de la fiesta (el propio encuadernador, Dionisio Ortega, se queja de ello)[18], parece probable que nunca llegara a imprimirse y únicamente se conservara de forma escrita para la preparación de los ensayos, en cuyo caso es posible que la copia de BNE sea la única conservada.

En la documentación conservada en el Archivo de la Villa de Madrid relativa a los gastos de la pieza que se representó entre los dos actos de la ópera encontramos que se hicieron unos pagos por el disfraz de «trufaldín», incluyendo unas medias encarnadas y unos zapatos que debieron de comprarse durante los ensayos[19], así como la pintura de «una silla para el sainete»[20], que podría ser la que se emplea en la danza del sainete a partir del verso 268. No obstante, en el llamado «intermedio», el último verso hace referencia a un «trufaldín» que debía entrar y ejecutar una danza y, aunque no se diga que emplee una silla no por ello debe descartarse y no constan partidas de los pagos que se hicieron a los actores por la pieza de entremés sino únicamente por los papeles en las comedias.

Así, las pruebas parecen mostrar una ligera inclinación hacia el texto de BNE sobre el de BnF, pero no encontramos pruebas concluyentes a favor de uno ni de otro. Ambas piezas tienen mucho en común (los personajes de Vizconde, Gallego y Trufaldín), el comentario jocoso de la ignorancia del personaje de Gallego en una y del de Gallego y Alcalde en la otra. Sin lugar a dudas una está elaborada sobre la otra, pero es difícil saber si una es una amplificación y desarrollo de la anterior o si, por el contrario, la segunda es una simplificación de la primera.

Junto a la mayor complejidad de diálogo y de personajes entre ambas piezas, destaca también el diferente trato dado al Trufaldín, a quien, en el «intermedio», el Vizconde introduce en los últimos versos diciendo: «ireme zampando, sin / la cortesía que me toca, / pues me la hurtan de la boca / los pies de ese trufaldín» (vv. 103-106); es entonces cuando este entra y ejecuta la danza. En el sainete, por el contrario, detectamos una cierta crueldad con ese personaje al que, cuando el Vizconde le ordena que baile le responde «Yo non poso, / tengi uni pati pudrida … / Non poso afirmar il piede» (vv. 260-264) para finalmente, por la presión del Vizconde, acceder de mala gana a bailar para sus invitados, no sin antes quejarse: «Si porfía… ballo con silli y con tuti» (vv. 267-268).

---

[18] Ibídem, p. 223.
[19] Ibídem, pp. 218 y 220.
[20] Ibídem, p. 216.

TEXTOS EMPLEADOS

Para la edición de *Las amazonas de España* utilizamos uno de los 515 ejemplares impresos en 1720 para su distribución antes de la representación a los reyes (López Alemany y Varey 2006: 118)[1], de los que se conservan aún varios ejemplares. El empleado para la elaboración de esta edición es el que se custodia en la Biblioteca Nacional de España con la signatura T-14941.

Para la edición de *La hazaña mayor de Alcides* empleamos uno de los 625 ejemplares impresos en 1723 para la representación de la comedia ante los monarcas españoles (López Alemany y Varey 2006: 223) y hoy custodiado en la Biblioteca Nacional de Francia con la signatura 8-BL-8390 (2). Este testimonio parece haber pasado desapercibido hasta hoy. Aparece en un volumen donde se recogen un total de cuatro *ballets* y operas (8-BL-9390): *Nitteti, drama per música*, *La hazaña mayor de Alcides*, *Orphée et Eurydice*, par M. Calsabigi, traduite de l'italien par M[athon de La Cour (Carles Joseph)] y [*La Peregrina*] Intermezzo di Pietro Moretti.

Parece ser que el volumen perteneció a la extensa colección de Marc Antoine René de Voyer, marqués de Paulmy, aunque no aparece en el catálogo de su biblioteca. No obstante, Hélène Séveyrat, de la BnF, indica que las características de la encuadernación parecen indicarlo así. Por error, *La hazaña mayor de Alcides* aparece catalogada como obra de Francisco Antonio de Salcedo, que

---

[1] Además de estos 515 ejemplares impresos se hizo una copia manuscrita de la comedia para llevar a la imprenta y dos copias de la loa (una ellas para la imprenta), además de las que naturalmente se sacaron por papeles. Entre los dos actos tuvo lugar una danza de matachines de la cual únicamente se hizo una copia manuscrita que no se llevó nunca a la imprenta, por lo que esta pieza está hoy perdida (López Alemany 2006: 117, 120).

no era sino el marqués de Vadillo y corregidor de Madrid en el momento de la representación, por lo que su nombre es el que aparece en la portada del texto impreso.

Además de este testimonio impreso, hacemos uso también del manuscrito de la misma comedia custodiado en la Biblioteca Nacional de España con signatura Mss. 15599. Por algunas correcciones, tachaduras y añadidos que encontramos en este manuscrito y que después fueron incorporados al texto impreso, parece evidente que este hubo de componerse a partir de aquel u otro similar que contenía las mismas modificaciones. La impresión se hizo con demasiada celeridad, pues en el pago que se le hace a Dionisio Ortega por la encuadernación se precisa «abiéndole sido prezizo trauajar en todas las pasquas y tener más oficiales por cumplir el poco tiempo que auía desde que las reciuí» (López Alemany y Varey 2006: 223). Por ese motivo, el «Intermedio» que encontramos en el texto impreso no es el mismo que el «Sainete» que aparece en el manuscrito y que parece ser el que finalmente se representó, habiéndose de imprimir en una tirada separada antes de la representación en el Coliseo del Buen Retiro. Editamos aquí ambos textos y explicamos las circunstancias de uno y otro en una nota.

Además de este sainete, algunas otras correcciones que se hicieron más adelante al manuscrito tampoco llegaron a la imprenta. En esos casos, indicamos todas las variantes, correcciones, omisiones y añadidos que se encuentran en el manuscrito.

CRITERIO EDITORIAL

Para la edición de estas dos «comedias en música» procuramos acercar el texto del siglo XVIII al lector actual, para que la obra pueda leerse con la menor dificultad posible. Las notas buscan aclarar el léxico, la sintaxis, el trasfondo mitológico de la fábula y el contexto histórico en que las obras se representaron. Así pues, el texto se ha editado siguiendo los siguientes criterios:

— El texto de las loas, comedias y entremeses ha sido modernizado, tanto la grafía como la puntuación, uso de mayúsculas y acentuación para ajustarlas a las normas actuales de la Real Academia. Por razones de rima hemos mantenido el desusado —aunque aún aceptado— «felice» por «feliz» en la loa a *Las amazonas de España*.

— Se modernizan también los nombres de los personajes mitológicos, de manera que, en *La hazaña mayor de Alcides*, «Theseo» aparece como «Teseo», «Piríctoo» como «Pirítoo».

— Tal y como es costumbre, los versos se computan de cinco en cinco en el margen derecho.

— Se mantienen las consonantes dobladas con valor fonológico propio como «herilla» u «ofendella» pero se simplifican cuando no es así, como en el caso de «empressa» que reproducimos como «empresa». Se mantienen las contracciones habituales como «desta» y «aquesta».

— Mantengo el uso de la *u* con valor disyuntivo aun cuando aparezca en situaciones no admitidas por hoy por la gramática.

— Se resuelven todas las abreviaturas, con la única excepción es la de «etc.» que se prefiere sobre «etcétera». El nombre de los interlocutores se indica siempre completo.

— Por no alargar innecesariamente el texto los estribillos, repeticiones y *ritornelos* de las arias no se desarrollan, sino que se reproduce en cursiva el primer verso de la repetición seguido de «etc.». Las repeticiones se omiten del cómputo de los versos.

— Las notas a pie de página recogen contenidos fundamentalmente filológicos, así como algunas aclaraciones del contexto histórico. En el caso de *La hazaña mayor de Alcides*, también se incluyen en nota las variantes textuales que, por ser pocas, no abruman al lector ni dan lugar a equívocos. Consideramos que, en este caso, esta solución es más práctica que la inclusión de un aparato de variantes al final del texto.

— En el caso de *La hazaña mayor de Alcides*, por su interés, se incluyen en el margen derecho de la página también las acotaciones y direcciones de escena del manuscrito de la BNE.

BIBLIOGRAFÍA

ABELLÁN, José Luis, *Historia crítica del pensamiento español*, vol. 3, *Del Barroco a la Ilustración*, Madrid, Espasa-Calpe, 1988.

AGULLÓ Y COBO, Mercedes, «Don José de Cañizares», *En torno al teatro del Siglo de Oro. Jornadas XVI-XVII*, ed. Olivia Navarro y Antonio Serrano, Almería, Instituto de Estudios Almerienses/Diputación de Almería, 2003, pp. 133-152.

AGUILAR PIÑAL, Francisco, *Bibliografía de autores españoles del siglo XVIII*, Madrid, CSIC, 1982-2001.

ÁLVAREZ BARRIENTOS, Joaquín, «Nota biográfica», José de Cañizares, *El anillo de Giges*, ed. Joaquín Álvarez Barrientos, Madrid, CSIC, 1983, pp. 35-42.

ANDIOC, René, *Teatro y sociedad en el Madrid del siglo XVIII*, Madrid, Castalia, 1987.

ANDRÉS, Christian, *Visión de los Pizarros, de la conquista del Perú y de los indios en el teatro de Tirso de Molina*, Kassel, Reichenberger, 1991.

ANDÚJAR CASTILLO, Francisco, «La Corte y los militares en el siglo XVIII», *Estudis: Revista de Historia Moderna* 27, 2001, pp. 91-122.

ARELLANO, Ignacio, *Historia del teatro español del siglo XVII*, Madrid, Cátedra, 2002.

ARMENGOL, Anacleto, *Responde a don Panucio don Armengol su dictamen, satisfaciendo las objeciones hechas sobre la melodrama de Angélica y Medoro, y declarándole sobre la loa y sainete de la expresada fiesta*, [Madrid], [s. i], [1722].

ARMSTRONG, Edward, *Elisabeth Farnese: The Termagant of Spain*, London, Longmans, Green & Co., 1892.

BAJINI, Irina, «*Il Pomo d'Oro* alla corte di Filippo V re di Spagna», *La scena e la storia. Studi sul teatro spagnolo*, ed. Maria Teresa Cattaneo, Bologna, Cisalpino, 1997, pp. 115-131.

BARRERA Y LEIRADO, Cayetano Alberto de la, *Catálogo bibliográfico y biográfico del teatro antiguo español, desde los orígenes hasta mediados del siglo XVIII*, Madrid, Rivadeneyra, 1860.

BAUDRILLART, Alfred, *Philippe V et La Cour de France: 1700-1715*, 4 vols., Paris, Firmin-Didot, 1889.

BENEGASI Y LUJÁN, Francisco, «Décima en alabanza de la Reyna Madre, Doña Ysavel», [Francisco de la Torre y Sevil *et al.*], *Papeles curiosos manuscritos*, vol. 39, BNE Mss. 10924.

BENEGASI Y LUJÁN, José Joaquín, *La Augusta Belisa: canción heroyca en la que se refieren algunas glorias [...] de la Reyna Madre [...] Isabel Farnesio*, 1766, BNE VE/326/22.

BERMEJO GREGORIO, Jordi, «Responde don Armengol a Antonio de Zamora y a José de Cañizares: Testimonio de la primera incomprensión clasicista del teatro palaciego barroco», *Atalanta* vol. 5, nº 1, 2017, pp. 83-113.

BERTINI, Giuseppe, «La formación cultural y la educación artística de Isabel de Farnesio en la corte de Parma», *El arte en la corte de Felipe V*, Madrid, Fundación Caja Madrid, 2002, pp. 417-433.

BIANCONI, Lorenzo y Thomas WALKER, «Production, Consumption and Political Function of Seventeenth-Century Opera», *Early Music History* 4, 1984, pp. 209-296.

BOTTINEAU, Yves, *El arte cortesano en la España de Felipe V (1700-1746)*, Madrid, Fundación Universitaria Española, 1986.

BRAVO VEGA, Julián, «*Ninfa* intertextual: Actualización de un modelo literario», *Memoria de la palabra. Actas del VI congreso de la AISO*. Ed. María Luis Lobato y Francisco Domínguez Matito. Madrid/Frankfurt: Iberoamericana/Vervuert, 2004, pp. 365-372.

BROWN, Jonathan y J. H. ELLIOTT, *A Palace for a King: The Buen Retiro and the Court of Philip IV*, New Haven, Yale University Press, 1980.

BUSSEY, William M., *French and Italian Influence on the Zarzuela 1700-1770*, Ann Arbor, UMI Research Press, 1982.

CAÑAS MURILLO, Jesús, «Sobre Posbarroquismo y Prerromanticismo en la literatura española del siglo XVIII. De periodización y cronología en la época de la Ilustración», *El siglo que llaman ilustrado. Homenaje a Francisco Aguilar Piñal*, coord. Joaquín Álvarez Barrientos y José Checa Beltrán, Madrid, CSIC, 1996, pp. 159-169.

CAÑIZARES, José de [y Giacomo FACCO], *Las amazonas de España*, Madrid, 1720.

— [y Giacomo FACCO], *La hazaña mayor de Alcides*, Madrid, 1723.

— [y Antonio LITERES], *Acis y Galatea*, ed. L. A. González Marín, Madrid, ICCMU, 2000.

— [y Sebastián DURÓN], *Salir el Amor al Mundo (1696). Zarzuela en dos jornadas*, ed. A. Martín Moreno, Málaga, Sociedad Española de Musicología, 1979.

— [y Antonio LITERES], *Acis y Galatea*, ed. María del Rosario Leal Bonmati, Madrid/Frankfurt, Iberoamericana/Vervuert, 2011.

— [José de NEBRA y Giacomo FACCO (loa)], *Amor aumenta el valor*, Madrid, 1728.

CARRERAS, Juan José, «Entre la zarzuela y la ópera de corte: representaciones cortesanas en el Buen Retiro entre 1720 y 1724», *Teatro y música en España (siglo XVIII)*, ed. Rainer Kleinertz, Kassel, Reichenberger, 1996, pp. 49-77.

— «En torno a la introducción de la ópera de corte en España: *Alessandro nell'Indie* (1738)», *España festejante: el siglo XVIII*, ed. Margarita Torrione, Málaga, Diputación de Málaga, 2000, pp. 323-347.

CASADEMUNT, Sergi, «Aportación a la historia de la imprenta en la península: *Las amazonas de España* de Jaime Facco», *Revista Catalana de Musicología, filial de l'Institut d'Estudis Catalans*, 2001, pp. 223-225.

CASCAJERO GARCÉS, Aurea, *Las plantas aromáticas, medicinales y condimentarias en Castilla La Mancha*, Granada, Grupo Editorial Universitario, 1999.

CETRANGOLO, Annibale, *Esordi del melodrama in Spagna, Portogallo e America. Giacomo Facco e le cerimonie del 1729*, Firenze, Leo S. Olschi, 1992.

CHECA BELTRÁN, José, *Razones del buen gusto (poética española del neoclasicismo)*, Madrid, CSIC, 1998.

— «La teoría teatral neoclásica», *Historia del Teatro Español*, vol. 2. dir. Javier Huerta Calvo. Madrid, Gredos, 2003. 2 vols., pp. 1519-1552.

COROMINAS, Joan y José A. PASCUAL, *Diccionario crítico etimológico castellano e hispánico*, Madrid: Gredos, 1997, 6 vols.

COTARELO Y MORI, Emilio, *Estudios sobre la historia del arte escénico*, Madrid, Rivadeneyra, 1896.

— *Historia de la Zarzuela*, Madrid, Tipografía de Archivos, Olózoga, 1934. [Edición facsimilar: Madrid, Instituto Complutense de Ciencias Musicales (ICCMU), intr. Emilio Casares Rodicio, 2000.]

Crónica festiva de dos reinados en la Gaceta de Madrid (1700-1759), ed. Margarita Torrione, Toulouse/Paris, CRIC/Ophrys, 1998.

DANTE ALIGUIERI, *Divina comedia*, ed. y trad. Giorgio Petrocchi y Luis Martínez de Merlo, 10ª ed., Madrid, Cátedra, 2006.

DÍEZ BORQUE, José María, «Teatro de palacio: excesos económicos y protesta pública», *El teatro del Siglo de Oro. Edición e interpretación*, ed. Alberto Blecua, Ignacio Arellano y Guillermo Serés, Madrid/Frankfurt, Iberoamericana/Vervuert, 2009, pp. 79-112.

DOMÉNECH RICO, Fernando, *Los trufaldines y el teatro de los Caños del Peral (La Commedia dell'arte en la España de Felipe V)*, Madrid, Fundamentos, 2007.

EBERSOLE, Alva V. «José de Cañizares y una fiesta real de 1724», *Romance Notes* 15, 1973, pp. 90-95.

— *José de Cañizares, dramaturgo olvidado del siglo XVIII*, Madrid, Ínsula, 1975.

EGIDO, Aurora, «Telones parlantes del Siglo de Oro», *El teatro del Siglo de Oro. Edición e interpretación*, ed. Alberto Blecua, Ignacio Arellano y Guillermo Serés, Madrid/Frankfurt, Iberoamericana/Vervuert, 2009, pp. 113-173.

ESSES, Maurice, *Dance and Instrumental «Diferencias» in Spain and During the 17th and Early 18th Centuries*, vol. 1 *History and Background, Music and Dance*, Hillsdale, Pendragon Press, 1992.

FARRÉ VIDAL, Judith, *Teatro y poder en la época de Carlos II. Fiestas en torno a los reyes y virreyes*, Madrid/Frankfurt, Iberoamericana/Vervuert, 2007.

GIES, David, «La pervivencia del barroco», *Historia de la literatura española. Siglo XVIII*, vol. 1, coord. G. Carnero, Madrid, Espasa-Calpe, 1995, pp. 211-221.

GREER, Margaret R., *The Play of Power. Mythological Court Dramas of Calderón de la Barca*, Princeton, Princeton University Press, 1991.

GREER, Margaret R. y J. E. VAREY, *El teatro palaciego en Madrid: 1586-1707. Estudio y documentos*, Madrid, Támesis (Fuentes para la Historia del Teatro en España, 29), 1997.

HERRERA NAVARRO, José, *Catálogo de autores teatrales del siglo XVIII*, Alcalá de Henares/Madrid: Fundación Universitaria Española, 1993.

HUERTA CALVO, Javier (dir.), *Historia del teatro español*, Madrid, Gredos, 2003. 2 vols.

KAMEN, Henry, *Philip V of Spain. The King who Reigned Twice*, New Haven, Yale University Press, 2001.

KENYON DE PASCUAL, Beryl, «Instrumentos e instrumentistas españoles y extranjeros en la Real Capilla desde 1701 hasta 1749», *España en la música de Occidente: actas del congreso internacional celebrado en Salamanca (29 de octubre-5 de noviembre de 1985)*, coord. José López-Calo, Ismael Fernández de la Cuesta y Emilio Casares Rodicio, Madrid, Ministerio de Cultura, 1987, vol. 2, pp. 93-98.

JOHNS, Kim L., *José de Cañizares: Traditionalist and Innovator*, Chapel Hill, Hispanófila, 1980.

LEAL BONMATI, Mª del Rosario, «José de Cañizares y el teatro cortesano (1700-1725)», *Nación y constitución: de la Ilustración al Liberalismo*, coord. Cinta Canterla González, Sevilla, Junta de Andalucía/Universidad Pablo de Olavide, 2006, pp. 451-476.

— «José de Cañizares (1676-1750): una revisión biográfica», *Dieciocho* 31, 2, 2008, pp. 241-266.

LOLO HERRANZ, Begoña, «El teatro con música en la corte de Felipe V durante la Guerra de Sucesión, entre 1703-1707», *Recerca Musicològica* 19, 2009, pp. 159-184.

LOPEZ, Françoise, «Un panorama de la vida intelectual bajo el reinado de Felipe V», *Felipe V y su tiempo. Congreso Internacional*, ed. Eliseo Serrano, 2 vols., Zaragoza, Institución Fernando el Católico, 2004, vol. 2, pp. 513-524.

LÓPEZ ALEMANY, Ignacio, «"En música italiana / y castellana en la letra": La llegada del estilo italiano al teatro palaciego de Felipe V (1720-1724)», *Dieciocho* 31, 1, 2008, pp. 7-22.

— «La representación de *Fieras afemina amor* en la proclamación de Luis I (1724)», *Hispanófila* 169, 2013, pp. 3-17.

— «Isabel de Farnesio y la italianización del teatro palaciego español (1714-1724)», *Hacia la Modernidad: la creación de un nuevo orden teórico literario entre Barroco y Neoclasicismo (1651-1750)*, ed. Alain Bègue, Emma Herrán Alonso y Carlos Mata, Vigo, Academia del Hispanismo (Estudios del Parnaso Olvidado, 2), en prensa.

LÓPEZ ALEMANY, Ignacio y J. E. VAREY, *El teatro palaciego en Madrid: 1707-1724. Estudio y documentos*, Woodbridge, Támesis (Fuentes para la Historia del Teatro en España, 32), 2006.

LÓPEZ DE JOSÉ, Alicia, *Los teatros cortesanos en el siglo XVIII: Aranjuez y San Ildefonso*, Madrid, Fundación Universitaria Española, 2006.

LUZÁN, Ignacio de, *La poética o reglas de la poesía en general y de sus principales especies (Ediciones de 1737 y 1789)*, ed. Isabel M. Cid de Sirgado, Madrid, Cátedra, 1974.

MÁXIMO LEZA, José (ed.), *Historia de la música en España e Hispanoamérica. La música en el siglo XVIII*, Madrid, Fondo de Cultura Económica, 2014, vol. 4.

— «El encuentro de dos tradiciones: España e Italia en la escena teatral», *Historia de la música en España e Hispanoamérica. La música en el siglo XVIII*, ed. José Máximo Leza, Madrid, Fondo de Cultura Económica, 2014, pp. 191-222.

McKENDRICK, Melveena, *Woman and Society in Spanish Drama of the Golden Age: A Study of the mujer varonil*, Cambridge, Cambridge University Press, 1974.

MORALES, Nicolás, *L'Artiste de Cour dans l'Espagne du XVIIIe siècle*, Madrid, Casa de Velázquez, 2007.

Pavis, Patrice, *Diccionario del teatro. Dramaturgia, estética, semiología*, Barcelona, Paidós, 1980.

Paun de García, Susan, «Introducción», José de Cañizares, *Don Juan de Espina en su patria. Don Juan de Espina en Milán*, ed. Susan Paun de García, Madrid, Castalia, 1997, pp. 11-53.

Pérez Samper, María Ángeles, *Isabel de Farnesio*, Barcelona, Plaza Janés, 2003.

Peyrebonne, Nathalie, «Littérature, mythe et histoire: *Les Amazones* de Tirso de Molina», *El hombre histórico y su puesta en discurso*, ed. J. Enrique Duarte e Isabel Ibáñez, New York, IDEA, 2015, pp. 153-163.

Primorac, Berislav, «Las amazonas de Tirso», *La Experiencia Literaria* 1, 1993, pp. 85-93.

Ripa, Cesare, *Iconologia*, ed. Piero Buscaroli, 2 vols., 3ª ed., Torino, Fògola Editore, 1988.

Rodríguez, Alejandro, [Refundición atribuida a José de Cañizares], *Fieras afemina Amor*, Madrid, 1724.

Rodríguez-Garrido, José Antonio, *Teatro y poder en el palacio virreinal de Lima (1672-1707)*, tesis doctoral, Princeton University Press, 2002.

Rodríguez García, Eva, «Comedias sobre las amazonas en el teatro español del siglo XVII», *El teatro barroco revisitado. Textos, lecturas y otras mutaciones. Actas del XVI congreso de la AITENSO*, ed. Emilia I. Deffis, Jesús Pérez Magallón y Javier Vargas de Luna, Puebla/Montréal/Québec, El Colegio de Puebla/McGill University/Université Laval, 2013, pp. 166-194.

Ruiz Pérez, Pedro, «Para la historia y la crítica de un período oscuro: la poesía del bajo barroco», *Calíope: Journal of the Society for Renaissance and Baroque Hispanic Poetry* 18, 1, 2012, pp. 9-25.

Saint-Simon, duque de [Louis de Rouvroy], *Cuadro de la corte de España en 1722*, trad. y ed. V. C. A. [Vicente Castañeda Alcover], Madrid, Tipografía de Archivos, Bibliotecas y Museos, 1933.

Salazar y Torres, Agustín, *También se ama en el abismo y Tetis y Peleo*, ed. Thomas Austin O'Connor, Kassel, Reichenberger, 2006.

Sanz Ayán, Carmen, «Teoría y práctica política ante el dilema sucesorio: El *Teatro Monárquico* de Pedro Portocarrero», *Ariadna* 18 [Museo Municipal Palma del Río], 2006, pp. 165-182.

Shergold, Norman D. y John E. Varey, «Palace Performances of Seventeenth-Century Plays», *Bulletin of Hispanic Studies*, 40, 4, 1963. pp. 212-244.

— *Teatros y comedias en Madrid: 1687-1699. Estudio y documentos*, London, Támesis (Fuentes para la Historia del Teatro en España, 6), 1979.

Solís, Antonio de, «Las amazonas», *Comedias*, vol. 1, ed. Manuela Sánchez Regueira, Madrid, CSIC (Clásicos Hispánicos), 1984, pp. 385-462.

Stein, Louise K., *Songs of Mortals, Dialogues of Gods. Music and Theatre in Seventeenth-Century Spain*, Oxford, Oxford University Press, 1993.

— «Musical Patronage: The Spanish Royal Court», *Revista de Musicología* 16, 1, 1993, pp. 615-619.

Subirá [Puig], José, *La música en la Casa de Alba*, Madrid, Tipografía Sucesores de Rivadeneyra, 1927.

Terrasa Lozano, Antonio, «El asunto del banquillo de 1705 y la oposición de la gran-deza a las mudanzas borbónicas: de la anécdota a la defensa del cuerpo místico de la monarquía», *Cuadernos Dieciochistas* 14(0), 2013, pp. 163-197, disponible en <http://revistas.usal.es/index.php/1576-7914/article/view/11488>.

Torrione, Margarita, «Fiesta y teatro musical en el reinado de Felipe V e Isabel de Farnesio; Farinelli, artífice de una resurrección», *El Real Sitio de la Granja de San Ildefonso. Retrato y escena del rey*, ed. D. Rodríguez Ruiz, Madrid, Patrimonio Nacio-nal, 2000, pp. 220-240.

— «'Como a Vuestra majestad le gustan las comedias…' Felipe V y el teatro de los Tru-faldines», *Felipe V y su tiempo*, ed. Eliseo Serrano, Zaragoza, Institución Fernando el Católico, 2004, pp. 753-789.

Torrione, Margarita y Béatrice Torrione, «De Felipe de Anjou, 'enfant de France' a Felipe V: La educación de Telémaco», *El arte en la corte de Felipe V*, Madrid, Funda-ción Caja Madrid, 2002, pp. 41-88.

Varey, John E., «La mayordomía mayor y los festejos palaciegos del siglo XVII», *Anales del Instituto de Estudios Madrileños* 4, 1969, pp. 145-168.

— «Dos telones para el coliseo del Buen Retiro», *Villa de Madrid* 71, 1981, pp. 15-18.

Vázquez Gestal, Pablo, *Una nueva majestad: Felipe V, Isabel de Farnesio y la identidad de la monarquía (1700-1729)*, Sevilla, Fundación de Municipios Pablo de Olavide/ Marcial Pons, 2013.

Virgilio, *Eneida*, Intr. y trad. Rafael Fontán Barrero, Madrid, Alianza Editorial, 2002.

Zamora, Antonio [atr. José de Cañizares] [y José de San Juan], *Angélica y Medoro*, ed. Ju-lius A. Molinaro y Warren T. McCready, Torino, Quaderni Ibero-Americani, 1958.

Zanolli, Uberto, *Giacomo Facco: Maestro de reyes. Introducción a la vida y obra del gran músico véneto de 1700*, Ciudad de México, Editorial Don Bosco, 1965.

LAS AMAZONAS

de España.

DRAMA MUSICAL,
QUE SE HA DE REPRESENTAR
EN EL

Real Coliseo del Buen Retiro

EN SOLEMNIDAD DEL FELIZ

Natalicio del Serenísimo Señor

DON FELIPE DE BORBÓN
INFANTE DE CASTILLA
CONSAGRADA
A LAS SACRAS CATÓLICAS

Augustas Majestades, Don Felipe
Quinto, y Doña Isabel Farnesio.
Monarcas de ambos Mundos.

POR LA IMPERIAL, Y

Coronada Villa de Madrid, su
dichosa, y fidelísima Corte

Año de 1720

ARGUMENTO

Pasando por la antigua Iliberi, hoy Colibre[1], comprendida en tiempo de los romanos en el dominio gálico, el capitán Aníbal a hacer la guerra al capitán, o príncipe, que entonces era de la Provenza, aliado con Roma, fue detenido de las mujeres varoniles de aquel país[2] que, apoderadas de las alturas de los montes, le disputaron bizarramente[3] el paso hasta que le forzaron a venir a diferentes condiciones para allanarle.

Sobre esta verdad de la historia, según los autores del margen, se añade para fabricar el entrecho[4] de la ópera, ser Marfilia princesa de aquel país, y habiendo venido el retrato de Celauro, príncipe de la Provenza, a su poder, inclinada a

---

[1] *Colibre* es el nombre castellano que Antonio Nebrija da al pueblo costero de Collioure, situado en el Rosellón francés. Se encontraba una ciudad del mismo nombre en España, «Dicen las historias que, después de Aníbal haber pasado los montes, luego como se derrocó por sus faldas al condado de Perpiñán que nuestros españoles hoy día poseen, asentó real cerca de la villa de Colibre, la cual en aquellos años llamaban Iliberi, pueblo de grandes magnificencias y sobradas riquezas… Deste mismo nombre tuvieron los españoles antiguos otro lugar en el Andalucía, diferente del que hablamos ahora, pero magnífico y suntuoso, dos leguas alejado de donde fue después edificada la ciudad de Granada…y ahora corruptamente nosotros los españoles cristianos llamamos la puerta de Deluira». Ambas ciudades, la francesa y la española, parecen combinarse para que estas amazonas puedan ser de España. Véase Florián do Campo, cronista del rey, *Hispania Vincit. Los cinco libros primeros de la Crónica General de España*, Medina del Campo, 1553, Libro 4, Cap. 44, «Cómo los ejércitos cartagineses salieron de España caminando por la tierra de Provenza y Lenguado que, donde sucedieron algunas mudanzas con la gente de esta tierra, las cuales Aníbal remedio», etc. ff. 262-263.

[2] Nota impresa en el texto de 1720. «Plutarco: *Fauchet Antiquitez Gauloises*. Lib 1, Cap. 6. *Roman. Ocam*».

[3] Valientemente.

[4] *Entrecho*: Enredo, acción de una pieza teatral.

este héroe, que se hallaba fugitivo de los suyos en las montañas de Iliberi (si bien enamorado de Clorilene, prima de Marfilia) tomó a su cargo noblemente su defensa, aun a costa de sus sentimientos, tanto que, habiendo vencido las entradas Aníbal, y haciendo publicar no perdonaría si no es las imágenes de los dioses que hallase en los templos, hizo vestir este príncipe en el hábito de la estatua de Marte y, haciéndole jurar que perdonaría también, le libró, y admitió por esposo, venciendo él su opuesta inclinación con el extremo de esta generosidad.

INTRODUCCIÓN A LA FIESTA

INTERLOCUTORES

Júpiter
América
Europa
España
La Consonancia
El Número
La Representación
La Música
Los doce signos
Los doce meses
Circe, semidiosa

ESCENAS

Templo de Júpiter
Máquinas
Carros triunfales de la Música y la Representación
Trono de Júpiter de flores, transformado en Sol
Festones[1] de trofeos, con insignias correspondientes en que descienden América
y Europa

---

[1] *Festones* eran unos adornos que, aunque normalmente compuestos de flores, frutas y hojas, también podían serlo de otros elementos como en este caso. Se colocaban en las puertas

Nubes convertidas en carros en el aire, en que se ven los doce signos con las doce letras de los dos nombres, Filipo y Isabel[2]
Doce tiestos que se transforman en los doce meses
Una fuente que se transforma en Circe
Vuelos y hundimientos

---

de las iglesias donde tenía lugar un festejo, o en lugares en los que se quisiera mostrar un regocijo (*DA*).

   [2] Este es un recurso bastante habitual en las loas que Cañizares emplea con frecuencia. En su loa para la representación de *Amor aumenta el valor* en el palacio del marqués de los Balbases en 1728, con motivo de la boda del príncipe de Asturias, don Fernando, con doña María, infanta de Portugal, José de Cañizares vuelve a utilizar esta misma estrategia para hacer honor a los homenajeados: «Se ve a la Gloria en el centro en un hermoso cerchón de nubes resplandecientes y rayos movibles, y a sus lados con tarjetas en los manos en que está escrito el nombre de MARIA: el Mérito con la M, la Autoridad con la de la primera A, el Respecto con la R, la Igualdad con la I, y el Afecto con la última A» (A2r-v). Véase José de Cañizares, *Amor aumenta el valor*, BNE T/15035/22.

LOA

Después de levantarse la primer[a] cortina⁻, en que estarán escritos los motes, castellano y latino, se ve otra cortina de nubes y estrellas y, en medio², un jarrón hermoso de flores coronado de siete muchachos que tienen siete rótulos. El de en medio dice «Júpiter», los de la mano derecha, «Fulminator»³, «Elicio»⁴, «Liceo»⁵; los de la mano izquierda, «Ideo»⁶, «Piseo»⁷, «Eleo»⁸, de cuyas palabras, las primeras letras son grandes. Encima, un rotulón en una hermosa banda, con este lema latino: «Me claro dimittit [sic. por demittis] olimpo. Virgi[lio]. 4 Enei[da]»⁹. Y por pilastra de la jarra este mote:

> Felice y Felipe¹⁰, aquel
> tierno laurel de Borbón,

---

¹ La utilidad de esta primera cortina, situada en la boca del escenario es la de mostrar a todo el Coliseo la ocasión de la loa mediante el lema latino y la quintilla castellana. Esta cortina estaba hecha de paño ligero o seda.

² En medio de la escena, no pintado en la cortina.

³ *Fulminator*: El que arroja rayos. Es epíteto que dan los poetas a Júpiter (*DA*).

⁴ *Elicio*: *Lat*. Sobrenombre de Júpiter.

⁵ *Liceo* es uno de los epítetos más comunes de Apolo, no de Júpiter (Zeus griego) por «luminoso» en el contexto de dios del Sol y de la luz. En ocasiones se confunden Apolo y Helios.

⁶ *Ideo*: Relativo al monte Ida, donde Zeus fue ocultado nada más nacer.

⁷ *Piseo*: De Pisa, ciudad de la Élide, cercana a Olimpia.

⁸ *Eleo*: De la Élide, comarca de la antigua Grecia donde se encuentra Olimpia.

⁹ La cita latina exacta es: «ipse deum tibi me claro demittit Olimpo regnator» (El propio rey de los dioses desde el Olimpo luminoso me envía), *Eneida*, lib. 4:268-269.

¹⁰ Este «Felipe», como puede deducirse del «tierno laurel de Borbón» que le sigue, no se refiere al rey de España, sino al infante cuyo nacimiento se celebra con esta ópera.

que da el cielo a este dosel,
para gloria de la unión
de Filipo y de Isabel.

Por los dos lados, en dos hermosos carros está la Música, adornado el suyo de instrumentos, papeles, arreos y flores, tirado de cuatro vientos y, al otro lado, otro carro, que es el de la Representación —su adorno, trofeos militares y disfraces— tirado de ninfas[11] y sátiros[12], y por el aire bajan América y Europa en dos tronos de cornucopias[13] enlazadas y sentada Europa en un caballo y América en un caimán[14]

MÚSICA	Felice y Felipe, aquel	
	tierno laurel de Borbón,	
	que da el cielo a este dosel,	
	para gloria de la unión	
	de Filipo y de Isabel.	5
Canta AMÉRICA	Numen[15] del Olimpo,	
Canta EUROPA	dueño de la esfera[16],	
A DÚO	que en seis atributos, que el orbe te rinde,	
	Felipe pronuncian naciones diversas.	
Canta AMÉRICA	A América escucha.	10
Canta EUROPA	Europa te alienta,	
	pues por un Felipe, mil veces Felice,	
	la América triunfa, se goza la Hesperia[17].	

Ábrese de rápido el jarrón, descúbrese Júpiter convirtiéndose las hojas, flores y ramos en un Sol que cubre toda la boca del teatro

---

[11] *Ninfas*: Divinidades menores femeninas de las aguas, los montes y los bosques, jóvenes y hermosas.

[12] *Sátiros*: Divinidades menores masculinas que forman el cortejo de Baco; con ellas se identifican los latinos Faunos y Silvanos.

[13] La cornucopia simboliza la abundancia, pero también la paz y la concordia.

[14] El atributo del caimán (o lagarto de gran tamaño) para América, puede encontrarse en el emblema América en la Segunda Parte de la *Iconologia* de Cesare Ripa, donde también encontramos Europa con un caballo y una cornucopia. Cañizares volverá a utilizar la figura del caimán para representar a América en la loa que escribe para la representación de *Angélica y Medoro* (1722).

[15] *Numen*: Lo mismo que deidad. Llamaban así los gentiles a cualquiera de los dioses fabulosos que adoraban. Es voz griega que vale poderoso (*DA*).

[16] *Esfera*: Mundo.

[17] Hesperia es, en sentido absoluto, Italia, («Est locus, Hesperiam Graii cognomine dicunt» [«Hay un lugar al que llaman los griegos con el nombre de Hesperia»] *Eneida*, lib. 1:530), pero también podía referirse a España, especialmente cuando se le anteponía el epíteto «última» o «extrema».

Canta JÚPITER	Ya al músico impulso	
	de vuestra cadencia,	15
	a honor deste día,	
	que el orbe celebra.	
	Las flores son rayos; las ramas, incendios;	
	los vástagos, luces; las nubes, estrellas.	
	En las venturas de España,	20
	interesada la esfera	
	postra imágenes y signos	
	al mejor quinto planeta[18]	
	ya la que su trono fecunda Amaltea[19]	
	de regios laureles le adorna y le[20] puebla.	25
LAS TRES[21]	Pues por un Felipe,	
	mil veces Felice,	
	la América triunfa, se goza la Hesperia.	

Acaban de llevarse la cortina y se descubren en el aire doce grupos de nubes hermosas en que están los doce Signos con hachas en las manos que, luego, son doce carros pintados de frutas, racimos y pámpanos; los tres de flores y laureles, los tres de nieve y copos y, los otros tres de espigas y macollas[22]. En el suelo, en pirámides, en prespectiva [sic], doce tiestos que se han de transformar a su tiempo, que son los doce meses. En medio, un trono de escala con barandas y diferentes cupidillos como que suben y bajan por ellas y, en las barandas hay tiestos y, delante, una fuente que se ha de transformar y arriba, en un gabinete de luz y piedras preciosas, se ve a España y, arrodillados delante en simetría, el Número y la Consonancia con sus coros bailando y los dos carros de la Música y la Representación hacen juego[23] con lo restante de las tramoyas, todos con sus insignias

MÚSICA	Felice y Felipe, aquel	
	tierno laurel de Borbón,	30

---

[18] *Quinto planeta*: Equivale a Júpiter y, por asociación, a rey.

[19] Según la tradición más aceptada, cuando Rea hubo de abandonar a su hijo Zeus para salvarlo de Crono, la ninfa Amaltea se hizo cargo de su crianza y lo alimentó con la leche de una cabra que poseía.

[20] Leísmo.

[21] Música, Europa y América.

[22] *Macolla*: Conjunto de espigas, vástagos o flores nacidas de un mismo pie (*DA*).

[23] *Hacer juego*: Disposición con que están unidas dos cosas de modo que, sin separarse, puedan tener movimiento como las coyunturas y goznes. Tómase también por el mismo movimiento (*DA*).

	que da el cielo a este dosel,	
	para gloria de la unión	
	de Filipo y de Isabel.	
NÚMERO	Gloriosa triunfante España,	
CONSONANCIA	marcial generosa Iberia[24],	35
LAS DOS	que árbitro de entrambos mundos,	
	distantes polos gobiernas,	
CONSONANCIA	a tus pies la Consonancia	
	pide que le des respuesta.	
NÚMERO	El Número solicita	40
	que tan gran bien le concedas.	
LOS DOS	A cuyo fin te repiten	
	la Música que deleita	
	y la Representación	
	que admira, mueve y enseña.	45

Aria
Música y Representación a dúo

MÚSICA y REPRESENTACIÓN	¿Cuál de las dos ha de ser,	
	clarín del aire veloz,	
	que aplauda tu dicha al ver,	
	que lo que hay que encarecer,	
	no cabe en una sola voz[25]?	50
	¿Cuál de las dos ha de ser?, etc.	
ESPAÑA	Hermosas tropas del aire,	
	pues a España manifiesta	
	el cielo un bien, porque todos	
	a sus monarcas se deban,	
	que en Filipo e Isabel,	55
	la unión fortalece regia,	
	explicadle, porque logre	
	que entrambos mundos le sepan.	

---

[24] Nombre latino, como Hispania, para referirse a España. Proviene del río «Híbero» o Ebro, por ser el más grande de la península.

[25] Esta disputa sobre cuál es el elemento más importante de la zarzuela, si la música o la poesía —o representación en este caso— es una constante en el teatro palaciego de este tiempo que encontramos, además de aquí, en la loa para la zarzuela de *Júpiter y Semele* (1721) de José de Cañizares y Antoni Literes, como también en la loa que escribe Alejandro Rodríguez para la refundición de *Fieras afemina amor* (1724).

Ábrense las nubes y quedan hechas carros descubriendo el nombre de Felipe

CORO DE SEIS SIGNOS   Trono, que ha durar grande,
                        feliz aspire   60
                        en láminas eternas,
                        lea un «Felipe».

Cantan y bailan

                        En hora dichosa,
                        la más regia estirpe
                        dilate sus glorias y, augustos pimpollos[26],   65
                        exalten la regia corona que ciñen.

Ábrense los otros, descubriendo el nombre de Isabel

LOS OTROS SEIS SIGNOS   El que inmensas delicias
                        de España inquiera,
                        lea «Isabel», que es centro
                        donde se encuentran.   70

Danzan y cantan

                        En hora felice,
                        se enlazan y estrechan
                        de España los timbres[27], de Parma los triunfos[28]
                        que cante la Fama con trompas y lenguas.
ESPAÑA   Ya que casual misterio   75
                        le dio un número de letras
                        a cada nombre de dos,
                        a quien el Amor concuerda
                        tanto que, ni en esto quiere
                        que se encuentre diferencia.   80
                        Lo que se propone es que,

---

[26] *Pimpollo*: Las puntas del renuevo del árbol (Covarrubias). Aquí, evidentemente, referido a los vástagos de los reyes.

[27] *Timbre*: La insignia que se coloca sobre el escudo de armas para distinguir los grados de nobleza. Metafóricamente, cualquier acción gloriosa que ensalza y ennoblece (*DA*).

[28] *Triumphus* era la honra mayor que el pueblo romano daba a su capitán, cuando había vencido los enemigos (Covarrubias).

                    la coronada, la excelsa,
                    metrópoli de dos mundos[29],
                    silla del quinto planeta,
                    corte de ambos luminares[30]   85
                    que ciñe el Amor de las estrellas,
                    logre aplaudir el natal
                    de un Filipo a quien celebra,
                    por nuevo norte, su fina
                    continuada reverencia.   90

REPRESENTACIÓN   Fíalo a mí, que mejor
                    mis asuntos desempeñan
                    heroicos[31].

MÚSICA   Fíalo a mí,
                    que mis consonancias tiernas
                    unen un concepto y dulzura.   95

CONSONANCIA   La Música te lo ruega,
NÚMERO   la Poesía lo pide,
LOS SIGNOS   y los tiempos solo esperan
                    lo propongas.

ESPAÑA   Es el modo.

Transfórmase la fuente en Circe[32]

CIRCE   No pronuncies la sentencia   100
                    sin oírme.

TODOS   ¿Pues quién eres?

CIRCE   Circe soy. Yo soy aquella
                    mágica de quien Ovidio
                    altas maravillas cuenta[33]
                    y, pues aquí simbolizo   105
                    la maga, industriosa idea

---

[29] Se refiere a la corte de Madrid.

[30] *Luminar*: Cualquiera de los astros celestes que despide de sí luz y claridad. Llámanse así regularmente el Sol y la Luna, dándoles el nombre de Luminar mayor y menor (*DA*). Así, si el rey Felipe es el Sol, Isabel será la Luna.

[31] *Heroicos* aquí tiene valor sustantivo como «sucesos heroicos».

[32] Diosa griega hija de Helios y Perses, hija de Océano. Además de tratar sus hechicerías, la *Odisea* (Canto 10) describe a Circe como una mujer con «lindas trenzas» dotada de una hermosa voz.

[33] *Metamorfosis*, lib. 14.

con que Madrid a imposibles
quiere exceder sus empresas
aunque, pese a la distancia,
yo transmutaré una escena   110
en la música italiana,
y castellana en la letra,
a este teatro que, en fin,
aunque no haga competencia,
remede a las que vio Italia,   115
supliendo cuando se emprenda
lo menos diestro en las voces,
lo estrecho en las apariencias[34]
y enlazando a este principio
el fin, el cielo y la tierra,   120
en honor de tanto asunto
vendrán a acabar la fiesta.

ESPAÑA   Yo la ace[p]to, y para darte
lugar, ya el aire se lleva,
aun sin acabar la loa,   125
cuantas figuras le pueblan.

CIRCE   ¡Oye! ¡Escucha! Mas, ¿Qué importa
que todo se desvanezca
si estas macollas floridas
harán que pasen mi ciencia   130
a figuras animadas[35]?
Que digan aun antes de esas:

Conviértense en personas vestidas de velillo[36] encarnado, con toneletes[37] y bastones los tiestos, y cantan y bailan mientras se van desvaneciendo las tramoyas y retirando los carros

---

[34] Se refiere a la calidad de las tramoyas.

[35] En la *Odisea*, la casa de Circe se encontraba rodeada de lobos montaraces y leones que no eran sino hombres hechizados. Estas bestias no eran peligrosas, sino que a la llegada de los hombres de Odiseo empezaron a juguetear y mover la cola en señal de alegría. La pócima que Circe preparó para los marineros de Odiseo tenía como objetivo «que se olvidasen por completo de su patria» (*Odisea*, Canto 10).

[36] *Velillo*: Una tela muy sutil, delgada y rala que suele tejerse con algunas flores de hilo de plata. Llámase así porque los velos se hacen regularmente de esta tela (*DA*).

[37] *Tonelete*: En el teatro, traje antiguo de hombre, con falda corta.

A ocho

Felipe y felice,
una cosa es mesma[38],
pues, para la España   135
que sus plantas besa,
no hay Felipe que
Felice no sea.

A dos

De Isabela logra
que el trono florezca,   140
y deidad amable,
la España venera,
la española Palas[39],
la Venus farnesia[40].

A tres

Por Luis[41] adorado,   145
los Cielos impetra,
pidiendo que besen
su planta suprema
de climas remotos,
naciones diversas.   150

A cuatro

De Fernando[42] y Carlos[43]

---

[38] *Misma.*

[39] *Palas*: Sobrenombre de Atenea que se alterna en la literatura latina con el de Minerva. Palas, como diosa de la guerra, se relaciona más con la estrategia que con la propia fuerza bélica, que normalmente corresponde mejor a Minerva.

[40] Venus era la diosa romana relacionada con el amor, la belleza y la fertilidad. Todas ellas cualidades que aquí se asocian a la reina Isabel de Farnesio.

[41] Luis de Borbón (1707-1724) fue el primogénito de Felipe V con su primera esposa, María Luisa de Saboya. Reinó brevemente en 1724 como Luis I.

[42] Fernando de Borbón (1713-1759) fue el cuarto hijo de Felipe V con María Luisa de Saboya. Reinó como Fernando VI desde 1746 hasta su muerte en 1759.

[43] Carlos (1716-1788) fue el primer hijo de Felipe V con su segunda esposa, Isabel de Farnesio. Reinó como Carlos III desde 1759 hasta su muerte en 1788.

y Mariana[44], vea
el tierno Filipo[45]
las glorias supremas
por quien diga España,   155
el cielo y la tierra:
    Felice y Felipe aquel
tierno laurel de Borbón
que da el cielo a este dosel
para gloria de la unión   160
de Filipo y de Isabel.

De los doce que han danzado se hunden los ocho y vuelan los cuatros atravesando el aire

---

[44] Mariana (1718-1781) fue la primera hija (tercera en el cómputo global) de Felipe V e Isabel de Farnesio. Fue reina consorte de Portugal y reina regente durante los últimos meses de vida de su esposo, José I de Portugal.

[45] Infante don Felipe (1720-1765), cuyo nacimiento celebra esta ópera, fue duque de Parma desde 1748 hasta su muerte.

EN LA ÓPERA

Marfilia, princesa de las Amazonas ....Petronila Jibaja.
Celauro, príncipe de la Provenza....................................Águeda Ondarro.
Clorilene ....María San Miguel.
Aníbal, general cartaginés ....Francisca de Castro.
Mentor, su capitán ....Francisca Quirante.
Brinco, soldado, gracioso...Paula Olmedo.
Laureta, graciosa, criada de Marfilia ....Antonia Mejía.

Comparsas de soldados de Aníbal [y] *de Amazonas.*

ESCENAS DE LA ÓPERA

EN EL ACTO PRIMERO

Cámara regia con sitial suntuoso, que es trono de Marfilia
Bosque con gruta en su lontananza
Bosque con tiendas, acampamento de Aníbal
Salón Real, habitación de Marfilia

EN EL ACTO II

Bosque con gruta hasta la última lontananza
Templo de Marte con el cielo que desciende y ocho pirámides de luz que suben

BAILES

En el fin de la Introducción, un baile entre doce uniformes
En medio de los dos actos, danza a la española vestidos de africanos

*

La escena pasa en las campañas de Iliberi[1] y ciudad, corte de Marfilia

---

[1] Iliberia o Ilíberis fue una ciudad no lejos de Granada, cuyo sitio hoy día, mudado el nombre se llama Elvira, y el Monte de Elvira (Covarrubias). Hoy corresponde al distrito de Albaicín —o Albaycín— en la ciudad de Granada.

ACTO PRIMERO

ESCENA PRIMERA

Cámara regia con el trono de Marfilia
    Marfilia suspensa mirando un retrato que tiene en la mano, sentada en su silla real, y cajas y clarines que suenan a lo lejos

Dentro música		
A ocho	Marciales estruendos	
	de trompas y cajas	
	pues extrañas tropas, los desfiladeros	
	parece que avanzan.	
	¡Al arma, pues, tocad, tocad al arma!	5
	Marciales estruendos, etc.	
Dentro una voz	¡Al monte todos! Pase la palabra.	
Dentro voces	¡Al monte todos!	
1	Pase la palabra.	
2	Pase la palabra.	
3	Pase la palabra.	10
A ocho	¡Tocad al arma, pues, tocad al arma!	
	¡Al monte todos!, etc.	
MARFILIA	Desvelo colorido	
	de mi atento cuidado,	
	tan de tu dueño, por mi mal perdido,	
	como de mí, por mi pesar hallado.	15
	No juzgues que has logrado	

hacer sentir a un pecho
hecho al horror, y a los estragos hecho,
pues siendo yo Marfilia, a quien pregona
Iliberi su reina y su amazona,   20
ignoro aquel afecto que no aspira
al aplauso, a la fama o a la ira.

Aria

   No te deseo mirar,
y aun de mí te he de arrojar.
Mas, ¡ay que no puede ser!   25
Vuélvote a considerar,
y sin alma para hablar,
tienes voz
           aún más veloz
que te sabe defender.
   No te deseo mirar, etc.
pero no, que a mi ruina me adelanto.   30

Escena II

Clorilene y Marfilia

CLORILENE   ¿Cómo, gran reina, te suspende tanto
                 ese sosiego injusto,
                 que aún no despierta entre el horror del susto?

MARFILIA   Pues, ¿qué hay de nuevo, Clorilene mía?

CLORILENE   La marcial armonía   35
[Tocan] *cajas*

                 de ese bélico ruido,
                 trueno de Marte[1], y rayo del oído,
                 avisa con su estruendo temeroso
                 que Aníbal[2] y su ejército copioso
                 ocupa[n] el horizonte   40
                 contrapuesto a la falda de ese monte,
                 donde a una estrecha boca

---

[1] En la mitología romana, Marte era el dios de la guerra. Se le representaba con una armadura completa y un yelmo encrestado.

[2] El general cartaginés Aníbal fue el enemigo más temido por Roma. En el 219 a.C. inició una campaña contra Sagunto (Valencia), que derivaría después en la Segunda Guerra Púnica.

el bárbaro rastrillo de una roca,
negándole la entrada,
deja nuestra provincia asegurada,   45
pero él en forma de batalla viene.

MARFILIA   Si a forzar las alturas se previene
hallará en tanto escollo corpulento
a una grande ambición, gran monumento.

Aria

¡Al arma, amazonas   50
invictas de España!
¡Ceñid las coronas
del verde laurel!
No Aníbal severo
presuma guerrero   55
lograr una hazaña
donde hay más valor y menos cruel[3].

Vase
CLORILENE   Mientras das a tus tropas nuevo aliento,
combata yo mi vago pensamiento.

Escena III

Bosque solo con gruta en la lontananza
Clorilene sola, entra y sale
[CLORILENE]   Este el paraje fue, donde aquel día   60
vi, mas ¿qué es lo que vio la altivez mía?
A no más ver, miré lo que conmigo…
¡Si pretendo explicarlo aún no lo digo!

Aria

A la sombra de aquel sauce bello,
hallé un monstruo como una deidad.   65
Es verdad… pero no, no es verdad,
pues en traje miré de una fiera
un zagal, que era un dios y no era,
infundiendo terror y piedad.
A la sombra de aquel sauce bello, etc.
Si por aquí… ¡mas cielos!   70

---

[3] Usado aquí con valor sustantivo como «crueldad».

¿Qué yerva, que el Cocito[4] ha congelado,
venenosa he pisado
que, esparciendo de asombros y de hielos
en todo el bulto mío,
el pasmo ardiente de un incendio frío   75
me induce su beleño[5]
a la invencible pesadez del sueño?
Yo, cuando, si ni articular me deja,
ni una voz, ni una queja,
que diga, aunque el discurso la percibe.   80

CELAURO (*dentro*)   De una vez muera, quien muriendo vive,
CLORILENE   ¿Pero qué voz en mis oídos hiere?
CELAURO (*dentro*)   A ver si vive quien viviendo muere.
CLORILENE   Examinar quisiera
de donde nace tan infausto acento.   85
¿Mas cómo si embargado el movimiento,
me postra mi letargo, de manera
que de su ley severa
en vano me redimo?
Pequeño tronco, a quien forzada oprimo,   90
sirve de catre a mi rendido aliento.

Detrás del peñasco, como forcejeando Celauro y cayendo el peñasco, sale por encima
de él vestido de pieles y descubre una gruta y Clorilene, recostada en un peñasco,
como durmiendo

CELAURO   Tenaz escollo, Atlante corpulento,
dale, como otras veces, a mi brío
paso, al tesón del duro brazo mío,
aunque me cueste siempre nueva hazaña   95
pisar su verde alfombra a la campaña.

---

[4] El río Cocito, en la mitología griega, delimitaba la frontera entre el mundo de los vivos y el de los muertos. En la *Divina comedia* de Dante («Infierno», Cantos 32 y 34), este río se transforma en un inmenso lago helado situado en el último y noveno círculo del infierno, donde se castiga a los traidores de la patria.

[5] El beleño, por sus características, es una planta habitual en la confección de narcóticos en la literatura. Ya en *La vida es sueño* (2.1), Clotaldo lo emplea, junto con el opio y la adormidera, para preparar un compuesto que haga de Segismundo un «vivo cadáver» antes de trasladarlo a palacio.

ESCENA IV

Celauro y Clorilene

[CELAURO]   ¡Qué hermosa, cielos, es la arquitectura
natural de estas breñas!,
y en flores varias y robustas peñas,
ese azul campo y este verde cielo,   100
le retrata en cristal el arroyuelo.
¡Con qué rara dulzura
el ave trina y, con ruidoso giro,
exhalación del aire…! ¿Mas qué miro?

Aria

      Veo estos pensiles[6]   105
de primores llenos
mas —¡ay!— todo es menos,
porque esto es lo más.
      Vas a tus objetos,
como tan perfectos   110
con la inclinación,
y a este corazón
con ansia te vas.
      Veo estos pensiles, etc.
Una es de aquellas, cielos, de quien huyo,
por el fatal decreto   115
del destino que, a oráculos me avisa,
pero en esta no arguyo
aquel temor que, en otras, me precisa
a vivir de esa gruta en el secreto,
en donde me prometo   120
burlar las amenazas de los hados.
¡Así unos ojos duermen descuidados!
Y sin uso no hay ruina que no acierten
pues, ¿cómo lidiaran cuando despierten?
Verlo pretendo.   125

CLORILENE   ¿Quien…?, ¿pero qué miro?
CELAURO   ¡Al primero suspiro!
CLORILENE   ¡Al asombro! ¿Qué veo?
CELAURO   ¡Al nuevo Sol que creo!

---

[6] Pensil: Jardín delicioso.

CLORILENE	Ni aliento,
CELAURO	ni respiro.

A dúo

Y medrosa la planta que retiro,
no sé qué blando temor
me hace creer que es valor,
este huir sin acertar.

CELAURO	Pues mis ojos,
CLORILENE	mis enojos,

A dúo

se quisieran retraer,
sin acertarse a apartar.

CELAURO	¿Quién eres, diosa de esta hermosa esfera?
CLORILENE	¿Quién eres tú, terror de esta ribera?
CELAURO	Un ultraje soy yo de la fortuna.
CLORILENE	Yo soy en quien aúna
	sus más duros extremos la fiereza.
CELAURO	¡El extremo eres tú de la belleza!
CLORILENE	Mira que en la campaña de estos montes
	soy amazona altiva
	y así, para que viva
	quien me habla de esa suerte,
	con mi fuga le indulto de su muerte.

Vase

CELAURO	¡Oye, hermoso portento!
	Mas ya en sus alas me la roba el viento.

Aria

A Dios segura,
mansión guardada,
que una hermosura
lleva robada
mi libertad.
          Fuerza es la siga,
que en ti me obliga
temer mi suerte,
y hoy, a tus puertas hallo mi muerte,
con que ya no eres seguridad.
          A Dios segura, etc.

Vase

130

135

140

145

150

155

160

Escena V

Brinco y Laureta

BRINCO   Montañesa deidad del Baratillo[7],
      sabé[8] que soy de Aníbal un soldado
      que el monte he penetrado,
      y busco las que huelen a tomillo[9].
      ¡Ay que chulo gestillo[10]!   165
      ¡Escúchame!

LAURETA   No quiero,
      váyase noramala[11] el majadero.

BRINCO   ¿Las ninfas[12] de estos cerros
      usan esos reveses?

LAURETA   Como gatos monteses   170
      embestidos de perros,
      explicamos la ira y el enojo
      y aquí, el menor araño cuesta un ojo.

BRINCO   Mal año para el alma que las hizo.

LAURETA   Calandrajo[13] postizo   175
      en la puerta de una ermita del dios Baco.
      Chafarrinón[14] de mugre de tabaco,
      ¿quiere dejarme?

BRINCO   No, que eres perfecta.
Aria

LAURETA   Desengáñese, pues, con esta arieta[15].
        Aquí no hay amor,   180

---

[7] *Baratillo*: El sitio, lugar o paraje donde se venden y truecan cosas menudas y de ruin precio (*DA*).

[8] Sabed.

[9] «Las que hueles a tomillo» serían, por su valor, las amazonas. Desde la Edad Media, era creencia popular que el tomillo podía aumentar el coraje de aquel que lo portaba, motivo por el cual las damas se lo regalaban a sus caballeros (Cascajero Garcés 1999).

[10] *Gesto*: Semblante, cara rostro.

[11] En mala hora.

[12] Cada una de las deidades de las aguas, bosques, etc. pero también se refiere a la mujer joven que se tiene por dama (*DA*). En la literatura del Siglo de Oro también se asocian con frecuencia con el mundo de la prostitución o ligereza de costumbres (Bravo Vega 2004).

[13] *Calandrajo*: Ropa desgarrada o rota que anda colgando. Metafóricamente se refiere al hombre ridículo y de poco cuerpo (*DA*).

[14] *Chafarrinón*: Borrón o mancha que desluce algo.

[15] Vale lo mismo que aria.

que se ignora hoy día
lo que es platería[16],
ni calle mayor.
    No habiendo qué dar,
no hay con qué ablandar   185
el ceño menor[17].
        Aquí no hay amor, etc.

BRINCO   Bien haya el alma de tan linda tierra,
en que el maldito estilo se destierra
de Cartago, donde hay el uso fiero
de andar junto el «te doy» con el «te quiero».   190
Amazona de Iliberi, tan franca,
tuyo seré si no me cuestas blanca[18].

Aria

    Tuyo soy de cualquier manera,
amazona,
tan chula y tan mona.
Un abrazo[19] chiquito siquiera,   195
que en ti he hallado lo que deseaba,
pues, por fénix de mozas[20] buscaba
una, en fin, que de balde quisiera.
        Tuyo soy de cualquier manera, etc.

LAURETA   Quítese allá, que ya a este puesto llega…
BRINCO   ¿Quién?
LAURETA   El embajador que ha permitido   200
Marfilia que entre a proponer partido
de la parte de Aníbal.
BRINCO   ¿Y en qué estamos?
LAURETA   En que, pues que nos vemos, nos veamos
BRINCO   Con cariño de balde y a contento.   205
LAURETA   Si he de decirle todo lo que siento,
aquí toda amazona es muy ingrata.
Nada toma en vellón, pero si es plata

---

[16] Calle o barrio donde trabajaban y tenían sus tiendas los plateros.

[17] Posible referencia erótica.

[18] No costar blanca: no costar dinero, ser gratis.

[19] Vale por «dame un abrazo».

[20] Metafóricamente «fénix» es todo aquello que es raro, exquisito, único en su especie y, así como a Lope de Vega se le conocía como el «fénix de los ingenios», Brinco reconoce así la rareza de las mujeres amazonas, lo que aviva su curiosidad erótica.

suele admitirlo como el dar suceda,
y suspira después por lo que queda.   210

Vase

BRINCO   Con efecto en amor del oro estrago[21],
            todo el mundo es lo propio[22] que Cartago.

Escena VI

Bosque con tiendas de campaña. Caja y clarín[23]
Aníbal, Mentor, Brinco y comparsa de soldados

ANÍBAL   *Aria*
            Reinar más es penar
            con susto y con furor
            que gozo y gloria.   215
                Explíquelo inclemente
            el ver que este accidente
            rompió la acción Mentor
            de una victoria.
                Reinar más es penar, etc.
MENTOR   Es tan inaccesible   220
            la entrada de las Galias por la parte
            que remedó naturaleza al arte,
            que allanar este monte no es posible
            para encontrar, señor, a tu enemigo,
            cuyo retrato traje yo conmigo   225
            y, al pasar ese monte,
            se me perdió.
ANÍBAL   ¿Quien rige este horizonte
            tan a favor de Roma
            que a ella y Celauro por parciales toma?   230
MENTOR   La amazona Marfilia es de su esfera[24]
            señora tan divina como fiera,

---

[21] *Estrago*: Es el daño resultante de una guerra, pero por traslación también puede referirse a corrupción o malicia (*DA*).

[22] Lo mismo, igual que Cartago.

[23] No hay indicación en la escena acerca de cuándo había de usarse el clarín, aunque probablemente sea al final de la misma, cuando Clorilene guía a Aníbal a su encuentro con Marfilia, aunque ahí únicamente aparece la indicación de «caja».

[24] Se refiere al espacio o ámbito al que alcanza el poder de Marfilia.

	a quien siguen las otras, y aun alguna	
	que triunfó en mi valor de mi fortuna.	
ANÍBAL	¿Hay más que degollarlas?	235
MENTOR	Si llegas a mirarlas,	
	difícil es vencerlas.	
ANÍBAL	¿Por qué?	
MENTOR	Porque de verlas	
	te ha de nacer tal ansia de mirarlas	
	que te habrás de vencer y perdonarlas.	240
ANÍBAL	Cobarde, necio, mides mi fiereza	
	por el débil compás de tu flaqueza.	
	¿Yo, lástima? ¿Yo, amor? ¿Yo, ansia forzosa?	
MENTOR	¡Ay señor, que es Marfilia muy hermosa!	
ANÍBAL	Séalo, que yo soy monstruo sangriento	245
	incapaz de piedad.	
MENTOR	Así lo siente.	
ANÍBAL	¿Pues qué es lo que te espanta?	
BRINCO	Caro le ha de costar la dicha planta[25].	
ANÍBAL	¿No han quedado entre tanto	250
	que a ser mi embajador yo me adelanto	
	en procurar vencer esas alturas	
	a fuerza de armas?	
MENTOR	Sí.	
ANÍBAL	Pues si lo apuras,	
	ni de Marfilia, ni de su belleza,	255
	caso hará mi fiereza,	
	y, vencida la entrada,	
	por eso solo, al filo de mi espada	
	pasaré su garganta, aunque al herilla	
	mujeril sangre infame su cuchilla[26].	260

Sale Clorilene

CLORILENE	La reina, embajador, te está esperando.
ANÍBAL	Guiad.

Vanse [con ruido de] *caxas*

---

[25] Plan.

[26] Se refiere, naturalmente, a lo infamante que para su honra puede ser matar a una mujer.

ESCENA VII

Mentor solo
MENTOR   Difícil es salir triunfando.
Aria

    Yo lo diga, pues miré,
resistí,
    me preparé
y, no obstante, me rendí.   265
    ¡Ay de ti, si acaso fue,
como en mí,
el destino que estorbé,
pero no lo conseguí!
    Yo lo diga, pues miré, etc.

ESCENA VIII

Salón real, habitación de Marfilia
Marfilia, Laureta y amazonas
LAURETA   Ya el sitial eminente   270
    espera que tu pie le honre, señora.
MARFILIA   ¿Pues ha de entrar su embajador ahora?
    Aníbal ha de ver cuán fácilmente
    defiende a Roma la que, parcial suya,
    le obligará a que huya.   275
LAURETA   Su perdición es cierta,
    si para el triunfo cierras tú la puerta.

ESCENA IX

Marfilia, Laureta, amazonas, Clorilene, Aníbal, Mentor, Brinco y comparsa de soldados
CLORILENE   Aquella es, que de espaldas se percibe.
ANÍBAL   El alto cielo vive,
    que me da impulso de llegar a ella,   280
    y ha mi furor[27].
MARFILIA   ¿Quién es?

---

[27] Posee mi furor.

ANÍBAL   Marfilia bella…,
Aria

      ¿Quién…? Sí… ¿Cuándo…? Nunca fue…
Porque viendo, cielos, yo…
es que ciego en ti no sé
dónde pueda yo… ¿Por qué…?   285
Te dijera…, pero no.
      ¿Quién…? Sí… ¿cuándo…? Nunca fue, etc.

MARFILIA   Advertid que el bastón se os ha caído[28].
ANÍBAL   Yo, cielos, me turbé.
BRINCO   Ya está perdido.
MARFILIA   ¿Qué os impide la voz? ¿Qué os apresura?
ANÍBAL   No vi, cielos, jamás tanta hermosura.   290
MARFILIA   Hablad, si la razón no se atropella.
ANÍBAL   ¡Mal haya, amén, quien intentó ofendella!
MARFILIA   ¿Qué es lo que Aníbal en mi tierra elige?
ANÍBAL   ¿Yo agraviarla? No supe lo que dije.
MENTOR   Señor, ¿qué es esto?
ANÍBAL   ¡Ay, Mentor! No sabía   295
que era Marfilia el alba, el sol y el día.
MENTOR   ¿Temí yo bien?
ANÍBAL   No sé, que en tal extremo
no temisteis muy mal, pues yo le temo.
Aníbal, gran señora,
paso te pide por tu agreste tierra   300
para ir a hacer la guerra
a Celauro que, huido
príncipe forajido
de la Galia inferior, deja su estado
a Roma encomendado;   305
y si el paso le niegas,
a su venganza tu poder entregas,
que entrará desde luego,
talándote la tierra a sangre y fuego.
MARFILIA   Esto solo Marfilia te responde: 310
Entre Aníbal, si acaso halla por dónde.
ANÍBAL   Breve es esa respuesta.

---

[28] Este bastón era una vara hecha de rama de olivo que portaban los heraldos y embajadores para distinguirse y no ser atacados por el enemigo.

MARFILIA	Ya la dirá mi acero lo que resta.
ANÍBAL	¡Ay!, que Aníbal, señora, se ha creído
	vencedor y, quizás, saldrá vencido.
MARFILIA	Créolo, si consulto mis enojos.
ANÍBAL	Mejores armas os darán los ojos.
MARFILIA	No le permito yo el examinarlos.
ANÍBAL	Pues vos le haréis morir de no mirarlos.
MARFILIA	Embajador, ¿qué atrevimiento es este?
ANÍBAL	El que Aníbal me ordena manifieste.
[LOS DOS] *A dúo*	¡Pues a la guerra!
ANÍBAL	¡Al temor!
MARFILIA	¡A la batalla!
ANÍBAL	¡Al dolor!
MARFILIA	De pelear,
ANÍBAL	de no ver,
[LOS DOS] *A dúo*	¡A resistir! ¡A vencer!
MARFILIA	Qué ha de ser
ANÍBAL	Qué no ha de ser,
MARFILIA	este brazo el vencedor,
ANÍBAL	defendido su valor,
[LOS DOS] *A dúo*	si está en el hado el poder.
Dentro música	
A CUATRO	¡Al arma, guerra, guerra!
Caxa	
CELAURO	*(dentro)* ¡A ellos, amigos!
A CUATRO	¿Que intentan penetrar los enemigos?
MARFILIA	¡Hola![29] ¿Qué ruido es este?

ESCENA X

Clorilene, Marfilia, Aníbal, Mentor, Brinco, Laureta y comparsa, amazonas

CLORILENE	El que ha acusado
	haber los enemigos intentado
	penetrar las alturas, y se hubiera
	logrado su osadía si no fuera
	por un joven valiente,
	que se halló entre nosotras casualmente,

---

[29] Voz de admiración.

	que solo en la estrechura ha resistido,	
	y a tus pies viene.	340
MARFILIA	¿A qué?	
CLORILENE	A pedir partido[30].	
MARFILIA	¿Así Aníbal alcanza	
	en fe del trato nuestra confianza,	
	y la ocasión le vale a sus desvelos?	
	Tocad al arma, pues.	345

Escena XI

Clorilene, Celauro, Aníbal, Marfilia, Mentor, Brinco y Laureta

CELAURO	Ya que los cielos	
	me traen a ti, Marfilia generosa,	
	segura estás. Mi diestra valerosa	
	impidió a tus contrarios el trofeo.	
MARFILIA	Joven, alza a mis brazos, mas, ¿qué veo?	350
	Albricias pido amor a mi recato,	
	que hallé el original de aquel retrato.	
CELAURO	Seguir tus armas intenté felices.	
MENTOR [*a Aníbal*]	Señor, ese es Celauro.	
ANÍBAL	¿Qué me dices?	
MENTOR	Que le conozco y, aunque disfrazado,	355
	él es, que en ese traje está embozado.	
ANÍBAL	Disimular conviene.	
MARFILIA	Pues vuestro alojamiento se previene,	
	mientras respondo a vuestro soberano,	
	le admitiréis.	
ANÍBAL	Y no le ace[p]to en vano,	360
(*aparte*)	que en él haré de mi fineza alarde.	
MARFILIA	Júpiter os prospere.	
ANÍBAL y MENTOR	El cielo os guarde.	
MENTOR [a Clorilene]	¿Cuándo será aquel día	
	que os hable en vuestra antigua tiranía?	365
CLORILENE	No sé, que aunque os conozco ese lenguaje,	
	no le entiendo.	
MENTOR	¡Bien lloro tanto ultraje!	

---

[30] A unirse y formar parte del ejército de Marfilia.

MARFILIA   Ven siguiendo mis pasos, extranjero.
Vanse Marfilia y Celauro
CLORILENE   A solas quiere hablarle, astro severo,
                   ¡Qué fuera que yo propria [sic] haya traído   370
                   el bien que hallé y hallado esté perdido!
Vase

ESCENA XII

Mentor solo
MENTOR   Ya en el semblante veo
                   burlando Clorilene mi deseo,
                   que escusa la fineza
                   con que otra vez obsequió su belleza.   375
Aria
                        Cuidado, Marte, cuidado,
                   que amor está disfrazado
                   en la cortés atención.
                        Yo vi a esta ingrata primero,
                   no la[31] expliqué que la quiero,   380
                   y si hoy sabe que me muero,
                   haré su enojo razón.
                        Cuidado, Marte, cuidado, etc.
                   Y así disimulando de mi pena,
                   el mal que me enajena,
                   pienso —¡ay, dolor!— callaros.   385
Vase

ESCENA XIII

Marfilia y Celauro
MARFILIA   Dudas que aún no sabéis determinaros.
Aria
                        ¿Cómo de mis desvelos,
                   cómo, divinos cielos,
                   puedo mi mal vencer,
                   pues llega el caso?   390

---
[31] Laísmo.

>   Mas, básteme saber,
>   quién pudo causa ser
>   del mal que paso.
>   *Cómo de mis desvelos, etc.*

CELAURO   Suspenso, gran señora,
                 vuestra orden espero.   395

MARFILIA   ¡Ay, infeliz, que muero
                 de un mal que, ni se explica ni se ignora!

(Aparte)   Lo que yo os mando ahora
                 es que digáis quién sois.

CELAURO   Un ultrajado,
                 mísero objeto del rigor del hado,   400
                 mal dará seña alguna
                 de una imagen que borra la fortuna.

Aria

>   Yo soy en el no ser,
>   sombra que, al parecer,
>   ya no parece.   405
>   Brillante resplandor
>   de una estrella que, en vapor,
>   se desvanece.
>   *Yo soy en el no ser, etc.*

MARFILIA   No os pregunto misterios, solo aspiro
                 a saber lo que sois y qué os inflama   410
                 a quererme servir.

CELAURO   Ver que sois dama.

MARFILIA   ¿Por dama me obsequiáis?

CELAURO   El mayor dueño
                 aspiro yo a tener.

MARFILIA   Más noble empeño   415
                 era seguir las armas victoriosas
                 de Aníbal, por más fuertes y dichosas.

CELAURO   Como soy desgraciado,
                 juzgo mi opuesto al que es afortunado.
                 Demás, que a vuestro campo me conduce   420
                 cierto afecto, que al alma se introduce,
                 que a seguirle me mueve.

MARFILIA   ¿Y puedo saber yo quien os le[32] debe?

---

[32] Leísmo.

CELAURO	Nadie, señora, a quien deudor le haga.
MARFILIA	¿Por qué?
CELAURO	Porque él con él es quien se paga.

425

CLORILENE	*(al paño)*

Impaciente a escucharos he venido
oculta de estos sauces.

MARFILIA   Pues ha sido
vuestro recelo en encubrirse vano.
¿Qué os he tratado yo muy de antemano?

CELAURO   ¿A mí, señora?

MARFILIA   A vos.

CELAURO   ¿De qué manera?

430

MARFILIA   ¡Oh, cielos, quién no hablara y lo dijera!

CLORILENE   Ya la evidencia abulta mi tormento.

MARFILIA   Si lo queréis saber, oíd atento:

Aria

Mirad si os he visto, si atento miráis,
que así declaráis lo que defendéis.

435

Saca el retrato y muéstrasele[33]

Aquí, coronado de príncipe estáis.
Pues si claramente en matices habláis,
¿qué importa que mudo con voces calléis?
            Mira si os he visto, si atento miráis, etc.

Déjale el retrato y vase

CELAURO   ¿No es mi retrato, cielos, el que veo?

Escena XIV

Celauro[34] *y Clorilene*

CLORILENE	Y el que robar deseo

440

—tirano huésped desta esfera ru[e]da—
a tu diestra, por norte de mi duda.

CELAURO   Mira, amazona bella,
que cuando…

CLORILENE   El labio sella,
que ya conozco que eres disfrazado

445

---

[33] Leísmo.
[34] El original escribe por error «Celaura».

amante de Marfilia.

ANÍBAL *(Al paño)*   ¿Qué he escuchado?

BRINCO   *(Al paño)* Aquí la fiera está o el avechucho[35].

CLORILENE   Con tus engaños y mi ofensa lucho.
                Si a Marfilia buscabas,
                                    si su beldad querías,
                ¿por qué en el monte a mí me encarecías   450
                afectos con que injusto me engañabas?
                Toma el retrato, si a ella se le[36] dabas,
                o si ella le tenía,
                y apártate de la preferencia mía.

CELAURO   Sí haré, porque, vencidos tus enojos,   455
                vuelva a tus bellos ojos,
                solo a desengañarte y a quererte.

Vase

Escena XV

Clorilene, Aníbal y Brinco

ANÍBAL   Antes, traidor, lamentarás tu muerte.

BRINCO   ¡Buenos enredos se arman en la selva!

CLORILENE   Aníbal, tente, que hay que te resuelva   460
                al ciego enojo que tu ardor conspira.

ANÍBAL   El propio ardor, que es rayo de tu ira.

BRINCO   Si aquí se arma algún cuento,
                sin moza me quedé, ni alojamiento.

CLORILENE   Yo un engaño he sentido.   465

ANÍBAL   Yo, un furor mal nacido
                de una pasión violenta.

CLORILENE   Y tu pecho, ¿qué intenta?

ANÍBAL   A pesar de un aleve fementido[37]
                a Marfilia adorar favorecido.   470

CLORILENE   Como[38] no la consiga ese extranjero,
                a tu lado estaré.

ANÍBAL   Pues lo primero

---

[35] Tómase por cualquiera ave de mala formación, fea, sucia e inútil (*DA*).

[36] Leísmo, como también el del siguiente verso.

[37] Falto de fe, de palabra (*DA*), mentiroso.

[38] Con tal de que no la consiga.

es mi amor.

CLORILENE   Mi esperanza.

ANÍBAL   Mi deseo.

CLORILENE   Mi astucia.

ANÍBAL   Mi venganza.

A dúo

    Veamos si los cielos,   475
pues nubes son los celos
de crueldad y de ardor,
fulminan las centellas del amor.
    Que el desprecio las mueve,
el dolor las eleve,   480
la intención las prepare,
y luego las dispare
la venganza, el estrago y el furor.

ACTO SEGUNDO

Dentro música lamentable y, descubriéndose la boca de una gruta oscura, sale Marfilia con una hacha encendida en la mano, trayendo con la otra a Celauro, y la gruta será cóncava con una fuente. Dentro libros, compás y un globo esférico, todo sobre un banco

MÚSICA A CUATRO

Piedad, heroico Aníbal,
no en el último extremo
entregues nuestras vidas
al filo y al incendio,
que deluces la gloria de un trofeo   5
si, al que es estrago, llamas vencimiento.

Escena primera

Bosque con gruta abierta en la lontananza
Marfilia y Celauro

MARFILIA

Generoso extranjero,
contra quien declarado
todo el rigor del hado,
cruelmente severo,   10
víctima te hace del contrario acero:
Aníbal, despedido
de mí, mal despachado,
tu vida me ha pedido
y, habiendo yo su pretensión negado,   15

pues basta que de mí te hayas fiado,
se arrojó a esas alturas donde, armadas,
su furor resistimos.
Pero en vano quisimos,
siendo en los montes varias las entradas,   20
guardarlas todas, con que, al fin cortadas
por sus gentes, fue fuerza retirarse
y en la piedad del vencedor fiarse.
Él, haciendo alto, a todas nos perdona
con tal que te entreguemos.   25
Conque —oh joven— sabemos
que nuestras vidas vale tu persona.
Pero en mi pecho, que de real blasona[1],
no solo no conviene en entregarte,
sino a esta gruta viene a resguardarte[2].   30
Y primero de púrpura y de grana
arroyos correrán sobre la selva
que matizó de aljófar[3] la mañana,
que a tan indigna hazaña me resuelva.

CELAURO   ¡Deja, que otra vez vuelva   35
                 mi admiración, Marfilia, al justo espanto
                 de ver que un infeliz te deba tanto!

MARFILIA   No eres muy infeliz joven brioso,
                 que Aníbal ser quisiera ser tan dichoso.

CELAURO   Ya en tus voces descubro y tu semblante,   40
                 que desgraciado yo, lo que él triunfante.
                 Más te mueve la lástima que el brío.

MARFILIA   Consúltalo tú allá con tu albedrío.
                 Mientras yo voy a ver si hay quien nos vea,
                 porque esa gruta tu hospedaje sea.   45

Vase

---

[1] *Blasonar*: Hacer ostentación de alguna cosa gloriosa con alabanza propia (*DA*). Marfilia presume de su condición real.

[2] Es por mandato de su pecho por lo que viene a resguardarle. Eso le permite a Marfilia no utilizar la primera persona y actuar como por un mandato más elevado (valor, honra, etc.) y no por propio interés amoroso.

[3] Perlas. Metafóricamente, el rocío de la mañana.

Escena II

Celauro solo
Aria
CELAURO

Si Marfilia así me obliga,
Clorilene me enamora.
¿Cómo haré qué un alma ahora
dos afectos juntos siga?
     Si dos lidian por la palma   50
y no hay sola más que un alma,
y esta el dividirse llora,
¿Qué haré, amor, en tal fatiga?
     Si Marfilia así me obliga, etc.

Recitado

¿A quién, Cielos, sucede
lo que a mí? ¿Quién ha sido   55
tan venturosamente desgraciado
que esté de la que adora despreciado,
y de la que no amó favorecido?
Que es fábula he creído,
de los hados mi vida,   60
de Aníbal perseguida.

Escena III

Clorilene y Celauro
CLORILENE

Y de mí resguardada,
aunque por ti de ingrata soy notada[4],
como tu gustes de atender a ella.
CELAURO
Divina amada, Clorilene bella,   65
¿Qué podrás tú ordenar que quien te adora
no obedezca?
CLORILENE
                    Pues quiero desde ahora:
Aria

     Que aborrecida
Marfilia sea,
de ti olvidada,   70

---

[4] Soy tachada de ingrata.

sin que en tu vida
logre su idea
su compasión.
    Que defenderte
sabré yo en todo   75
y así me obligas,
viendo que sigas
por este modo
mi inclinación.
    Que aborrecida, etc.

CELAURO   ¿Qué es lo que dices, Clorilene, luego?   80
¿Por tan infame, tan cobarde y ciego
me tienes, que deseas
que en tan injusto trato
sea a quien tanto debo ingrato?
¿Qué importa que me veas   85
a riesgo de lo amante, si no ha sido,
ser obligado el ser agradecido?

CLORILENE   Eres un falso
CELAURO   Mandas ciegamente
y así tú eres en mí la delincuente.

CLORILENE   Eres aleve.
CELAURO   Soy quien es forzoso   90
que, para amarte, se conserve airoso.

CLORILENE   Eres un fementido.

ESCENA IV

Marfilia, Celauro y Clorilene

MARFILIA   Celauro, ¿mas qué es, cielos, lo que he oído?
CELAURO   ¡Mi bien!
CLORILENE   Ya son tus voces más extrañas
CELAURO   ¿Por qué?
CLORILENE   Porque conozco que me engañas.   95
Aria
CELAURO   ¿Yo engañarte? ¿En qué lo hallas[5]?
¿No lo dice el corazón

---

[5] En el original, halla.

	que, a latidos,	
	cuando calla,	
	te declara su pasión?	
	¿Yo engañarte? ¿En qué lo hallas? etc.	
MARFILIA	Buenos estamos, pensamiento mío.	100
	¿Qué cuenta me darás de un albedrío	
	entregado a quien ama otra hermosura?	
CLORILENE	Sea, pues, sinrazón, tema⁶ o locura,	

Sea, pues, sinrazón, tema[6] o locura,
u olvidar a Marfilia o, si es tu muerte
ver que te pierda, yo voy a perderte.   105

Vase
CELAURO   ¡Escucha! ¡Aguarda! ¡Espera!
Vase

ESCENA V

Marfilia sola
MARFILIA   ¿Estamos buenos, condición severa?
                   ¿Hemos quedado bien, altivez mía?
                   ¿Qué me dirás ahora, fantasía?
                   Yo, si a Celauro entrego —¡dolor fuerte!—   110
                   le perderé, pues le dará la muerte
                   Aníbal, de celoso y de indignado.
                   ¿Y qué haré con haberle recatado⁷?
                   Matarme a mí, pues el librarle viene
                   a ser guardarle para Clorilene.   115
                   Mejor será que muera…
                   ¡Mas no!, que muero yo muerte más fiera.
                   Mejor será que viva…
                   No, que me matará —crueldad esquiva—,
                   pues vive a ser ajeno.   120
                   ¡Ea, corazón noble!, a ver si estreno
                   tan no vista fineza
                   que, hasta aquí, en la dureza
                   de mármol inmortal no haya grabado,
                   celoso, un corazón enamorado.   125

---

⁶ Actitud arbitraria y no razonada en que alguien se obstina contra algo o alguien.
⁷ Haberle ocultado.

Aria

A darse batalla,
a entrar en la valla,
envidia y amor,
y llore la ira y tiemble el valor.
    Que yo he de saber   130
si logra vencer,
afecto que se halla
capaz de atender,
cariño y honor.
    A darse batalla, etc.

ESCENA **VI**

Bosque con tiendas de campaña
Aníbal, Mentor y Brinco

MENTOR   Ya el bando, gran señor, se ha publicado.   135
ANÍBAL   Y en él no he reservado
      más que los simulacros[8] de los dioses.
      Hoy, los que hay en Iliberi vivientes,
      han de morir a manos de mis gentes.
BRINCO   ¿Con eso las talegas me descoses?   140
      Pues dejo del pillaje
      fundado un mayorazgo a mi linaje.
MENTOR   Ellos, viendo el estrecho a que han venido,
      tomarán entregarte por partido[9]
      al príncipe Celauro.   145
ANÍBAL   Así mi amor y mi poder restauro,
      que, ya que tu belleza no consigo,
      Marfilia no ha de ser de mi enemigo.
      Sienta el orbe el dolor que manifiesto.
Dentro música
A CUATRO   Hágase lo que Aníbal ha propuesto,   150
      y no todos muramos.
Dentro música
      Primero es bien del ruego nos valgamos.

---

[8] Imagen hecha a semejanza de alguien o algo, especialmente sagrada.
[9] Para lograr favor o protección.

Dentro música

A CUATRO	Evítese la ruina manifiesta.	
ANÍBAL	¡Ay, Mentor mío, que Marfilia es esta!	
MENTOR	¿No la acusas de ingrata?	155
ANÍBAL	Sí, pero es tanto lo que me arrebata	
	solo un acento suyo,	
	que solicito el riesgo de que huyo,	
	pronto[10] el deseo y la atención remisa.	
BRINCO	Eso es «cochero, para y anda aprisa»[11].	160

Aria

ANÍBAL   ¿No has visto amigo un bajel
combatido en alta mar?
Pues así es mi corazón[12].
      Llévale un soplo cruel
hacia el puerto y, al llegar,   165
le aparta otro soplo de él,
siendo todo confusión.
      ¿No has visto amigo un bajel, etc.?
Espérame un instante,
que ya vuelvo.

Vase

ESCENA VII

Mentor y Brinco

BRINCO	¡Por Dios, que no hay aguante[13]	170
	para un enamorado!	
MENTOR	¡Brinco!	
BRINCO	¿Señor?	
MENTOR	¡Que no haya mi cuidado	
	conseguido encontrar a Corilene!	
	¿Qué es aquella hermosura	175

---

[10] En el original, *prompto*.

[11] *Para y anda aprisa*: Dar órdenes contradictorias.

[12] La asociación entre el corazón del amante y el mar es un topos horaciano que alcanzó gran popularidad gracias a Petrarca (Cancionero n° 323, «Standomi un giorno solo a la fenestra»), que emplea la metáfora del barco perdido en mitad de la tormenta para describir su desconsuelo amoroso tras la muerte de Laura.

[13] Paciencia.

	que al lado de Marfilia se mantiene?	
BRINCO	Guardan tanta[14] clausura	
	que es un prodigio cómo son doncellas	
	según lo dicen, aunque mientan ellas.	
MENTOR	¡Ay, que esa es la que adoro	180
	y motiva en mis ansias mis extremos!	
BRINCO	Otro chiquillo juzgo que tenemos.	
MENTOR	Su beldad sigo y tu piedad ignoro.	
BRINCO	Hacia aquí se desprende de aquel coro	
	de ninfas enlutadas,	185
	una.	
MENTOR	¿Qué dices?	
BRINCO	Creo que empeñadas	
	vendrán en que este bando se revoque	
	mas, como a mí me toque,	
	el huésped que logré bodegonero,	
	le he de envasar por entre carne y cuero[15].	190

Escena VIII

Mentor, Brinco y Clorilene de luto con un velo en el rostro

CLORILENE	¿Mentor?	
MENTOR	¿Luz embozada[16]?	
	Estrella entre vapores recatada,	
	¿quién sois y qué queréis?	
CLORILENE	Que mi semblante	
	y mi voz os persuadan…	195
MENTOR	¡Pecho amante!	
CLORILENE	…a lo que os ruega un alma enternecida!	
MENTOR	¿No es Clorilene? ¡Hablad, no hay quien lo impida!	
CLORILENE	Vos habéis de vencer la dura suerte	
	de Celauro y librarle de la muerte.	200
MENTOR	¿Vos en su vida estáis interesada?	
CLORILENE	Yo he de ver apurada	
	la nobleza de un pecho generoso	

---

[14] En el original, *tanto clausura*.

[15] Referencia erótica mediante la cual Brinco expresa su esperanza de consumar sus amores con Laureta.

[16] En referencia al velo con que se cubre el rostro.

	que atiende más airoso	
	al interés de la que sirve atento,	205
	que a sí propio.	
MENTOR	Mirad…	
CLORILENE	No hay fundamento	
	para que dude, ni que me detenga.	
	El medio, vuestro juicio le prevenga,	
	que, si Celauro muere,	210
	no hay rencor que de mí Mentor no espere.	
MENTOR	Oíd, señora, ¿a quién ha sucedido	
	entre celos y amor, ver dividido	
	su pecho, sino a mí en solo un instante?	
BRINCO	¡A mí, sin ser amante!	215
	Que mi furor con mi piedad se anega	
	entre el bodegonero y la bodega.	
MENTOR	Iré a buscar a Aníbal —cruel hado—	
	¡Decláreme feliz u desdichado!	

Aria

Siendo uno y otro imán,   220
combate al alma dan
amor y celos.
O sea, yo dichoso,
o mal tan riguroso
acabe con mi afán   225
y mis desvelos.
Siendo uno y otro imán, etc.

ESCENA IX

Brinco solo

BRINCO   ¡Ea, Brinco valiente,
a hincar la uña en el botín!

ESCENA X

Brinco y Laureta

LAURETA   ¡Detente,
campeón valeroso!

BRINCO	Seas bien venido, juguetillo hermoso,	230
	a que te dé una nueva de harto gusto.	
LAURETA	Ya me asustaba.	
BRINCO	Cóbrate del susto,	
	que no es más de que viendo vuestras modas,	
	os manda Aníbal degollar a todas.	
LAURETA	¿Y a mí también?	
BRINCO	También tiente su escote	235
	el moreno cristal de tu cogote[17],	
	pero de mí te fía:	
	Te mataré con toda cortesía.	
LAURETA	¿Matar con cortesía?	
BRINCO	¿Qué te espanta?	
	Si hay hombre que a cualquiera que le aguanta	240
	pesadamente urbano,	
	le degüella de puro cortesano.	

Aria

LAURETA
    Si el cruel acero
fulminando vas,
déjame primero   245
hacer un puchero[18],
te enternecerás.
    Mira el dengue[19] mío,
el talle y el brío,
lazo y guardapiés[20],   250
y dime después
si me matarás.
    Si el cruel acero, etc.

BRINCO
A la verdad que, para hacer tal yerro,
abro los ojos y los ojos cierro.
Me alargo, me retiro, estoy reacio,   255
que es fuerza que se piense más despacio.

Aria

    Muera, no, no...

---

[17] El «moreno cristal de tu cogote» parodia el «luciente cristal del tu gentil cuello» del famoso soneto de Góngora, «Mientras por competir con tu cabello».

[18] *Hacer un puchero*: Hacer un gesto de lamento que precede al llanto verdadero.

[19] Esclavina de paño, usada por las mujeres, que llega hasta la mitad de la espalda, se cruza por el pecho, y las puntas se sujetan por detrás del talle.

[20] Vestido de seda o tela rica que usaban las mujeres.

Caiga, sí, sí…
Por mí, mí, mí…
Fuego en yo, yo…   260
Aquí su cara,
aquí mi furia;
acá su pena,
allí su injuria.
Con uno quedo[21],   265
pero este dedo
la perdonó.
       Muera, no, no, etc.

LAURETA   ¿Conque estoy perdonada?
BRINCO   ¿No lo has de estar, chulilla idolatrada,
           si tienes en tu vista, que me asedia,   270
           más perdones que el fin de una comedia[22]?
           Dame un favor.

ESCENA XI

Celauro, Brinco y Laureta

CELAURO   ¿No me diréis, amigos,
           hacia dónde acampados
           están los escuadrones enemigos?   275
BRINCO   ¿Los degollantes o los degollados?
           Porque hay de todo.
CELAURO   Los que a ser testigos
           busco, de que les pido un fin tirano.

Vase
BRINCO   Pues por mí no hay que dar, perdone, hermano. 280
CELAURO   Dime, zagala, tú.
LAURETA   Mal acometes,
           que no gusto de dimes y diretes.
Vase
CELAURO   ¡Oh, fementida estrella!
           Pues a mi bien me cierras el camino,

---

[21] *Aquí su cara…*: A partir de este verso Brinco cuenta sus dedos como quien deshoja una margarita para averiguar su destino amoroso. El último dedo decide la suerte de Laureta.

[22] Se refiere al final de las representaciones dramáticas en las cuales, de modo convencional, los últimos versos pedían perdón al público por los posibles errores.

abre paso al rigor de mi destino,   285
y acabe vida que labró tu saña,
escándalo infeliz desta montaña.

Aria

    ¡Qué será, cielos, de mí!
Respóndeme, ruiseñor,
pues eres eco fiel,   290
cantando en ese laurel,
las desventuras de amor.
      ¡Qué será, cielos de mí!, etc.

Escena XII

Marfilia y Celauro

MARFILIA	¿No es de Celauro aquesta voz que escucho?
CELAURO	¡Con desesperación y enojos lucho!
MARFILIA	¡Con mi piedad y mi rigor peleo! 295
CELAURO	¡Ay, dura estrella!
MARFILIA	¡Ay, desgraciado empleo!
LOS DOS (*a dúo*)	¿Si es verdad lo que dudo o lo que creo?
CELAURO	¿Dónde vais, gran señora?
MARFILIA	A buscaros dijera,
	pero motivo diera 300
	a una piedad, que es para mí traidora.
CELAURO	No la desea quien su bien ignora,
	solo a esos pies rendido,
	una clemencia, que es crueldad, os pido.
MARFILIA	¿Qué intentáis de esa suerte? 305
CELAURO	Que a Aníbal me entreguéis, que[23] me dé muerte.
MARFILIA	Ese es despecho.
CELAURO	No es sino destino.
MARFILIA	Es desesperación.
CELAURO	Es morir fino[24]
	cuando al delirio y la razón atiendo.
MARFILIA	O habéis perdido el juicio, o no os entiendo. 310
	Por mí, que no por vos, tomé a mi cuenta

---

[23] Con valor final: para que.
[24] Amoroso, seguro, constante y fiel (*DA*).

	daros la vida, pero si es violenta	
	esta acción para vos, de ella sois dueño	
	y, airosamente, cederé el empeño.	
CELAURO	Eso os ruego postrado.	315
	De una vez muera el que es tan desdichado,	
	que a Iliberi y a vos causa esta ruina.	
MARFILIA	Id al templo de Marte, a quien destina	
	al último tratado	
	Aníbal, donde la orden he dejado	320
	de lo que habéis de hacer.	
CELAURO	¿Qué es, señora?	
MARFILIA	Pues como eso se ignora,	
	vuestro dictamen sigo.	
CELAURO	¿Conque me entregaréis a mi enemigo?	325
MARFILIA	No hay duda alguna.	
CELAURO	Vuestras plantas beso,	
	y conoced cuánto el cruel exceso	
	es de mi suerte y de su tiranía,	
	que os da las gracias de la ruina mía.	

Vase
[*Aria*]

	Sí podrás, homicida,	330
MARFILIA	rendirte; sí podrás,	
	a quien te da la vida	
	y tú la muerte das.	
	¡Ay, alma enternecida,	
	tú el medio buscarás	335
	de hacer por quien te olvida	
	y tú queriendo estás.	
	Si puedes[25] homicida, etc.	

Escena XIII

Clorilene y Marfilia

CLORILENE	Gran señora, ¿confusa tú? ¿Qué es esto?	
MARFILIA	Lo que en breves palabras manifiesto:	
	yo he sabido, tirana,	340

---

[25] Nótese que aquí el tiempo presente reemplaza al futuro del comienzo del aria.

	que tú adoras ufana	
	a Celauro, porque él te corresponde.	
CLORILENE	¿Yo? ¿Cuándo? ¡Nunca! ¿Dónde?	
MARFILIA	No te turbes y sábelo primero	
	que para mí le quise, no le quiero,	345
	que con infames celos no hay partido.	
CLORILENE	Pues si todo lo sabes, yo te pido…	
MARFILIA	… que os castigue a los dos, yo os lo prometo.	
	Y hoy, por fatal decreto,	
	le entregaré a Cartago,	350
	comprando mi corona con su estrago.	

Vase
Aria

CLORILENE	¡Ay, infelice! ¿Qué oí?	
(llorando)	¿Yo motivo esta impiedad?	
	Selvas y montes, ¡llorad!	
	¡Llorad por él y por mí,	355
	pues monstruo con ambos fui	
	de celos y de crueldad!	
	¡Ay infelice! ¿Qué oí?, etc.	

Escena XIV

Mentor y Clorilene

MENTOR	Mira que al templo del sangriento Marte	
	acuden todos, Clorilene bella.	
CLORILENE	¿Y a qué ha de ir la infeliz a quien la estrella[26]	360
	da dos muertes en una?	
MENTOR	De escucharte	
	confuso estoy.	
CLORILENE	Pues deja de admirarte,	
	sabiendo que cruel, ciega y esquiva,	
	Marfilia vengativa,	
	el cuello de Celauro da al acero,	365
	y hoy muero yo también, de que no muero.	

Vase
Aria

---

[26] Fortuna.

MENTOR	¿Qué es esto que escuché?	
	Bien hizo mi valor	
	en recelar mi ardor.	
	¿Cómo me vengaré?	370
	No lo sabrá el dolor,	
	su olvido buscaré	
	y no encontraré mi amor.	

¿Qué es esto que escuché?, etc.

Pues desengañó al eco del tormento,
diga ese aplauso en traje de lamento.   375

Escena XV

Marfilia, Clorilene, Laureta, Aníbal, Mentor, Brinco, Amazonas, soldados de la comparsa y Celauro, de estatua, en el centro
Templo de Marte

Descúbrese el templo de Marte, si pudiere ser, todos los bastidores de trofeos de guerra y banderas. En el foro, un pedestal de trofeos y un respaldo de rayos y luces y, en él, vestido de estatua, Celauro en pie, como representando al dios Marte y, al son de cajas destempladas y sordinas salen por un lado las mujeres con velos negros y, por otro, los hombres de suerte que esté lleno por todo el tablado y se arrodilla Aníbal.
Música

A CUATRO	Quien los dioses perdona,	
	glorioso Aníbal fuerte,	
	no los hombres destruya,	
	que es forzoso se emplee,	
	pecho que es religioso, en ser clemente.	380
ANÍBAL	No tenéis que obligarme[27],	
	que nada ha de vencerme ni templarme,	
	cuando resiste mi soberbia dura	
	los hechizos del llanto y la hermosura.	
MENTOR	Solo la seña[28] del combate espero	385
	para ser el primero	
	que escarmiente[29] tan loca rebeldía.	
MARFILIA	Atiende, Aníbal, la propuesta mía:	

---

[27] *Obligar*: Adquirir o atraer la voluntad o benevolencia de otro con beneficios o agasajos (*DA*).
[28] *Seña*: Estandarte o bandera militar.
[29] Dé escarmiento.

	Este reino te entrego,	
	la corona te ciñe desde luego,	390
	pero no quieras que traidora sea	
	con quien de mí se ampara.	
ANÍBAL	Júrote por el Dios que está en el ara	
	que, a no darme a Celauro, el mundo vea	
	el estrago de Iliberi y mi acero.	395
	Solo a esa sacra imagen que venero	
	y a las demás[30], perdonara ofendido.	
MARFILIA	Lo que prometes es lo que te pido.	
ANÍBAL	No lo dudes.	
MARFILIA	Pues si a eso te adelantas,	
	baja Celauro y échate a sus plantas.	400
ANÍBAL	¿Qué dices?	
MENTOR	¿Qué propones?	
MARFILIA	Que ya es preciso, Aníbal, que le perdones	
	pues de Marte le han hecho	
	simulacro los votos de mi pecho	
	que guardarle han jurado.	405
CELAURO	No me perdone tu rigor airado,	
MARFILIA	Mi respeto y mi llanto considera…	
CELAURO	Cumple a la ley la condición severa…	
MARFILIA	… en fuerza de la fe del hospedaje…,	
CELAURO	… en fe de tu desdoro y de tu ultraje.	410
MARFILIA	… dios de la inmunidad le consagramos.	
TODAS	Y a tus pies te rogamos,	
	hagas mostrar se emplee fácilmente	
	pecho que es religioso, en ser clemente.	
LAURETA	¡Por Dios, que quedó mudo!	415
BRINCO	¡Por San Baco, que dudo	
	que él haga cosa buena!	
ANÍBAL	Todas alzad, y templa tú tu pena.	
Aria		
	Él al ara se acogió,	
	tú en él tu palabra adoras	420
	y, sobre todo, ¿tú lloras?	
	¿Pues qué quieres que haga yo?	
	Si el clarín antes tocó	

---

[30] Se entiende que a las demás imágenes de Marte.

	a la furia y al estrago,	
	ahora toque a amor y halago	425
	pues tu hermosura venció.	
	Él al ara se acogió, etc.	
MARFILIA	¡Heroico vivas, campeón glorioso!	
	y tú, joven aleve,	
	mira lo que obra un pecho que, celoso,	
	paga a noblezas lo que a injurias debe.	430
CELAURO	A ser tu esclavo la razón me mueve.	
	Perdona, Clorilene, que ha vencido	
	a lo amante, esta vez, lo agradecido.	
MARFILIA	Pues ya es tuyo mi trono.	
CLORILENE	No solo te lo perdono,	435
	sino te[31] aplaudo el que obres justamente.	
MENTOR	Señor, si de los lauros[32] de tu frente	
	parte he sido, intercede por la mano	
	de Clorilene.	
ANÍBAL	Si tu dicha gano,	
	vencido en todo y en mi sentimiento,	440
	asistiré contento	
	a una y otra nupcial gloria festiva	
	porque diga mi fama.	
TODOS	¡Aníbal, viva!	
CLORILENE	Con mi mano te premio amor tan fino[33].	
MENTOR	¡Mi dicha triunfó ya de mi destino!	445
LAURETA	¡Casémonos también si es este el uso!	
BRINCO	¡Gracias a dios que todo se compuso!	
MARFILIA	Al compás de clarín, la lira y trompa,	
	la aclamación por las esferas rompa	
CLORILENE y MENTOR	diciendo eco sonoro,	450
BRINCO y LAURETA	tropa armoniosa,	
MARFILIA y CELAURO	placentero coro,	
ANÍBAL	marciales estruendos,	
CLORILENE	salvas lisonjeras,	
MARFILIA	liras y tiorbas[34].	455

---

[31] En el original, «es te aplaudo».

[32] *Lauro* vale por *laurel*. Metafóricamente se refiere a triunfos y glorias ganadas.

[33] Aquí, vale por *puro* y *perfecto* (*DA*).

[34] Instrumento musical semejante al laúd, pero algo mayor, con dos mangos y ocho cuerdas más para los bajos.

TODOS *a ocho*   Cajas y trompetas:
                        ¡Salva! ¡Salva! ¡Salva!
                        ¡Salva le haced[35] a amor
                        que vive y reina!

Escena XVI

Los referidos y Circe descendiendo en un cielo transparente en la lontananza y,
subiendo, ocho deidades en pirámides de luz

CIRCE   Salva le haced, pues es hora   460
                        que a cumplir gustosa venga,
                        la palabra de cerrar
                        cuando el cielo se desprenda,
                        cuando los dioses concurran
                        con igual salva la fiesta.   465
                        Y, pues al amor debemos
                        la hermosa divina prenda,
                        con el real trono de España
                        se fortalece y deleita,

A ocho   ¡Salva! ¡Salva! ¡Salva!   470
                        Salva le haced a Amor,
                        que vive y reina.
                        Y España se goce,
                        cantando risueña,
                        la gloria a Filipo,   475
                        el triunfo a Isabela.
                        El júbilo del aire pida en ecos,
                        que vivan las deidades que se obsequian.
                        ¡Salva le haced a Amor, que vive y reina!

FIN

---

[35] En el original, *hezed*.

DRAMA MÚSICO U ÓPERA ESCÉNICA[1] EN ESTILO ITALIANO QUE EN EL COLISEO DEL REAL

Sitio del Buen-Retiro, ejecutó a sus expensas la muy noble y muy leal imperial coronada Villa de Madrid, en celebridad del feliz desposorio de los serenísimos señores infante don Carlos de Borbón con la señora princesa de Orleans y Baujolois

SIENDO CORREGIDOR DON FRANCISCO ANTONIO DE SALCEDO

Y Aguirre, marqués del Vadillo, vizconde del Puerto, del Consejo de su Majestad en el Supremo de las Indias

Y COMISARIOS DON SEBASTIÁN PACHECO ANGULO

y Zapata, caballero de la Orden de Calatrava, y ayuda de cámara de su Majestad; don Francisco González Ramírez de Zarate, don Joseph Phelipe de Pinedo y don Gabriel de peralta y Cabero, oficial de la Secretaría de Indias en la negociación de Tierra-Firme

---

[1] Aunque el título de la ópera aparece en el manuscrito de la BNE como *El mayor blasón de Alcides*, en algún momento de los preparativos debió de transformarse en *La hazaña mayor de Alcides*, título con el que —como puede verse más adelante— ya aparece en la loa que la precede y en la documentación de los pagos correspondientes a la representación (López Alemany y Varey 2006: 209-230). En el texto impreso de la BnF no consta en portada ni el título ni el autor. Tal vez por ese motivo aparece en su catálogo como obra de don Francisco Antonio de Salzedo, corregidor de Madrid y cuyo nombre aparece en la portada.

INTERLOCUTORES

En la loa

Himeneo   Antonia Mexía
El Obsequio   Manuel de Castro
Lucina   Rosa Rodríguez

En la ópera[2]

Hércules   María de San Miguel
Ónfale, reina de Lidia   Petronila Jibaja

---

[2] En el manuscrito de la BNE el elenco difiere ur. poco del que aparece en el impreso de la BnF:

Repartimiento de papeles

HÉRCULES	Sra. María de San Miguel
TESEO	Sra. Francisca de Castro
ÓNFALE	Sra. Petronila Jibaja
PIROCTOO	Sra. Águeda de Ondarro
JÚPITER	Sra. Ana Lorenzo
ELECTRA	Sra. Antonia Mejía
CETO	Sra. María Benete
CALAIS	Sra. Isabel Vela
PLUTÓN	Sra. Josepha López
NEPTUNO	Sra. Mariana Urrieta
COSCORRÓN	Sra. Paula de Olmedo
PIZPIRETA	Sra. Rosa Rodríguez
ADLANTE	[Sr. Juan] Camacho.

Electra, amazona   Antonia de Mejía
Ceto, hijo del Boreas   Isidora Quirante
Calais, hijo del Boreas   Isabel Vela
Coscorrón, criado de Hércules   Paula de Olmedo
Pizpireta, dama de Ónfale   Rosa Rodríguez
Teseo   Francisca de Castro
Pirítoo   Águeda de Hondarro
Júpiter   Ana Lorenzo
Neptuno   María-Ana Urrieta
Plutón   Josepha López
Atlante
Dos Arpías
Comparsa de damas de Ónfale
Comparsa de soldados de Hércules
Comparsa de soldados de Teseo
Dos coros de ninfas

Sobresalientes = coro primero   //   Ninfas de Plutón
Sobresalientes = coro segundo   //   Ninfas de Neptuno.

En realidad, ninguno de los dos elencos se corresponde exactamente con el que representó la obra. De acuerdo con la documentación de los pagos realizados a la compañía, fue Isabel Vela quien hizo el papel de Ceto; Isidora Quirante acabó haciendo el de Calais y María Benete, el de ninfa (López Alemany y Varey 2006: doc. 48 [l]: 212-213).

MUTACIONES

Puerto de mar con atarazanas[1] y castillos y de foro adentro, mar y bajeles.
Salón magnífico con gabinete[2].
Jardín delicioso con despeñaderos y estanques de aguas y varias fuentes.
Abismo con estancia separada y trono de Plutón.
Templo suntuoso de Júpiter de medio punto con tres naves y en su lontananza, las aras de este dios.

[1] *Arsenal*: Establecimiento para construir o reparar embarcaciones (*DRAE*).
[2] *Gavineto* en BnF. *Autoridades* (1734) admitía tanto *gabineto* como *gabinete*.

LOA

Himeneo, Lucina y Obsequio

Himeneo y Lucina van descenciendo[1] en dos tramoyas que forman dos medios círculos de nubes, flores y rayos, y así que cantan el dúo, sale el Obsequio

Dúo

LUCINA	Aplauso debido,	
HIMENEO	Obsequio elevado,	
LUCINA	por mí instituido,	
HIMENEO	por mí consagrado	
LOS DOS	al triunfo mayor	5
	publica mi gloria,	
	ensalza mi honor.	
LUCINA	De España un lucero,	
HIMENEO	de Francia una estrella,	
LUCINA	adoro,	
HIMENEO	venero,	10
LOS DOS	Por él y por ella,	
	la gasa se ilustra[2], se riza el ardor[3].	

---

[1] BnF: *ascendiendo*. En la representación del Coliseo del Buen Retiro tiene más sentido que Himeneo y Lucina desciendan en las tramoyas para que luego, al final de la loa, puedan volar y llevarse la cortina (cada uno una esquina).

[2] Es decir, se pinta la cortina del teatro.

[3] «Hacer riza» es en la jerga militar lo mismo que causar muchos destrozos en una acción de guerra o la detención de los contrarios en una guerra. Por extensión también se dice de los argumentos fuertes y eficaces (*DA*). Cualquiera de estos significados podría ser apropiado, ya que

OBSEQUIO   Ya Himeneo y Lucina,
                  cuyos dulces acentos,
                  rémoras de las aguas y los vientos,   15
                  los esparce la Fama,
                  a la imperiosa fuerza que le llama,
                  obedece el Obsequio reverente
                  de aquel centro eminente,
                  bien que a tanta deidad, solio[4] sucinto,   20
                  Hesperia toma[5] del planeta quinto[6].
                  Pero si hoy es el día
                  en que a las glorias de esta monarquía
                  otro blasón añade la unión bella
                  de Carlos y Filipa[7], porque en ella   25
                  reiteren el amor de ambas naciones,
                  tejidos con las lises los leones[8];
                  si de Farnesio a la suprema aurora,
                  que del orbe español los polos dora
                  y, en la augusta Mariana peregrina[9],   30
                  el trono de las Galias ilumina;
                  si de Luis, de Fernando,
                  y Filipo[10] el honor se ensalza cuando
                  aplaude España tan heroico asunto,
                  a donde Obsequio habrá con que, enlazando   35

---

la comedia comienza con una batalla en el puerto, pero nos inclinamos por el que se refiere a la calidad de la argumentación, por parecer más acorde en este contexto.

[4] Trono.

[5] BnF: *zoma*.

[6] Júpiter y también símbolo del rey.

[7] Se trata del infante don Carlos de Borbón, futuro Carlos III, y de la princesa de Beaujolais, Felipa Isabel de Borbón-Orleans, hija del duque de Orleans, cuya boda se había concertado en 1721 como parte del tratado de amistad entre las Coronas francesa y española (Kamen 2001: 132). La boda, no obstante, nunca llegó a celebrarse.

[8] Tanto la familia Borbón (en Francia y en España), como la Borbón-Orleans y la familia Farnesio contaban con flores de lis en sus escudos y eran comúnmente representadas por esa flor. El león es, naturalmente, una representación habitual de la monarquía española que Cañizares emplea con cierta frecuencia. Por ejemplo, en la caracterización del personaje España en la loa a *Angélica y Medoro* (1722).

[9] María Ana Victoria, que entonces contaba con cinco años de edad, como parte del mismo tratado de amistad entre las Coronas francesa y española, fue ofrecida a Luis XV de Francia, que tenía doce. El apelativo de «peregrina» vendría a equivaler a viajera.

[10] Se trata del resto de los hijos vivos del rey, el príncipe Luis (Luis I), el infante don Fernando (futuro Fernando VI) y el infante don Felipe, cuarto hijo del rey e Isabel de Farnesio, que se convertiría en duque de Parma.

tanto blasón y tanto logro junto,
se desempeñe un día,
que en los siglos su elogio no cabía,
y es preciso se estrechen en instantes
gozos eternos, cláusulas amantes,   40
¿cómo es, Lucina[11], dable[12]?,
¿cómo sacro, Himeneo[13]?

Recita LUCINA   ¿Cómo hay silencio que sin frase hable?
Recita HIMENEO ¿Cómo la acción es rasgo del deseo?
Recita LUCINA   Y ¿qué mayor trofeo   45
que anhelar la lealtad a lo infinito?
Recita HIMENEO Que expreses lo que hicieras solicito
si de Mantua[14] al amor se concediera,
que imposibles pensara y excediera.

Aria

   No hay límite al amor,   50
emprende con valor,
Obsequio, emprende,
   que para darte honor,
quien ama tu esplendor
es quien atiende.   55
   No hay límete al amor, etc.[15]

Recita LUCINA   El prodigio tebano,
Hércules, que en sus triunfos y en sus lides[16],
por su virtud le dan nombre de Alcides,
desempeñe un asunto soberano
en gloria de aquel Hércules hispano[17]   60

---

[11] Lucina o Juno Lucina, era la denominación que adquiría Juno cuando presidía el nacimiento de niños.

[12] *Dable*: Posible.

[13] Hijo de Venus, presidia los desposorios y las fiestas nupciales.

[14] Mantua es una ciudad habitualmente asociada con el amor. No ya en *Romeo y Julieta*, sino también en la comedia española, en piezas como *El castigo sin venganza*, etc.

[15] La versión impresa en BnF no incluye indicaciones de retornelos en la loa, aunque sí los encontramos en el manuscrito guardado en la BNE.

[16] BNE: *en su triunfo y sus lides*.

[17] Aunque, evidentemente, Hércules está tradicionalmente asociado a la monarquía hispana, en este caso se refiere específicamente al rey Felipe V, que la publicística iconográfica durante la Guerra de Sucesión habría representado fundamentalmente como rey esforzado y militar. En el almanaque conmemorativo del nacimiento de su primogénito, Luis Felipe, hizo poner en el frontispicio: «Nuevo Hércules en la cuna» (Torrione y Torrione 2002: 68).

                    que, sus altas hazañas,
                    le instituyen deidad de las campañas.

Aria

                        Aplauda un divino
                    consorcio real,
                        quien ciñe laurel,   65
                    el más peregrino[18],
                    en trono inmortal.
                        Aplauda un divino, etc.

                                                                    (*Aplaudan*[19])

OBSEQUIO   Así será, y pues rasgando
                    las cerúleas[20] ondas crespas,
                    la armada real de Euristeo[21]   70
                    al puerto de Lidia[22] llega,
                    de la ópera el principio
                    se enlace con la postrera
                    sílaba de la que es breve
                    introducción de la fiesta,   75
                    La hazaña mayor de Alcides[23],
                    al mayor[24] asunto ofrezca,
                    que aplaude España y en día
                    que los timbres[25] se celebran,
                    de Borbón, Orleans, Farnesio,   80
                    España y Francia, las lenguas
                    y los bronces previniendo
                    de la fama, iré con ella

---

[18] *Peregrino*: Adornado de singular hermosura, perfección o excelencia.

[19] Aparece únicamente en BNE. Por su interés incluyo en esta edición (siempre a la derecha de la página) las indicaciones para la representación incluidas en el manuscrito de la BNE que no aparecen en la edición impresa de BnF.

[20] De color azul.

[21] Rey de Micenas a quien Hércules estaba sujeto por un decreto de la Suerte y que ordenó al héroe tebano completar los famosos doce trabajos.

[22] Territorio sobre el que reina Ónfale.

[23] Se indica que no ha de haber pausa, ni cambios en las tramoyas pues la misma mutación con que acaba la loa, la del puerto de Lidia, será con la que comience la ópera. *Alcides* es Hércules, llamado así por descender de Alceo.

[24] BNE: *el mejor*

[25] En heráldica, el timbre es la insignia que se coloca encima del escudo de armas. Por extensión, metafóricamente se refiere también a cualquier acción gloriosa que ensalza y ennoblece (*DA*).

diciendo: ¡Viva Filipo!
¡Reine, mande, triunfe y venza!   85

Vuela llevándose la cortina y empieza el retornelo del ocho

EL OCHO   ¡A impedir el desembarco!
                 ¡A ganar la playa opuesta!, etc.[26]

FIN DE LA LOA

---

[26] Estos dos últimos versos de la loa son también los dos primeros de la comedia que le sigue inmediatamente y, aunque no se diga, es posible que el coro del ocho se encontrara dividido en dos grupos de cuatro, como hemos hecho para el inicio de la comedia.

ACTO PRIMERO

Córrese la mutación de puerto de mar con dos castillos sobre la cúpula de dos montes[1] y véese una armada en la lontananza de vasos[2] grandes y varias góndolas de donde va desembarcando un ejército y, en tierra, otro que impide[3] el desembarco y en los castillos aparece[4] gente que pelea con las tropas que los asaltan. El caudillo de los de tierra es Teseo vestido a la romana con espada y rodela, y de los del mar, Pirítoo, vestido a la romana y Hércules en la misma forma[5], solo que en la cabeza trae por yelmo una testa de león dorada y también la clava[6]. Asimismo, en la mano una piel blanca y parda por manto sobre el tonelete[7] y vestido romano[8] y dura la batalla hasta fenezer el [grupo musical de] ocho con que empieza la ópera

[CORO] 1[9]	¡A impedir el desembarco!
[CORO] 2	¡A ganar la playa opuesta!

---

[1] BnF: *escollos*. En la Escena 2 vemos que Teseo cae, efectivamente, de un «monte».

[2] Embarcación o barco y señaladamente su casco.

[3] BNE: *impidiendo*.

[4] BNE: *habrá*.

[5] BNE: *Hércules también*.

[6] BnF no incluye «clava», pero es de suponer que Hércules llevara un arma. La clava vuelve a aparecer en 2.17 y el dorado de la clava lo encontramos también entre los gastos de la comedia, por lo que es probable que Hércules la portara en su primera aparición al público. Véase López Alemany y Varey (2006: 218).

[7] Brial de los hombres de armas. En el teatro, traje antiguo de hombre, con falda corta.

[8] En BNE, en lugar del «vestido romano», al que tal vez se refería el «tonelete», aclara después, no obstante «y las garras de la piel son también doradas», aunque no consta así en los gastos de dorar. López Alemany y Varey (2006: 218).

[9] La identificación numérica se encuentra únicamente en BNE. En BnF solo se indica «Músicos». Lo lógico es que sea el coro de ocho con que acababa la loa dividido en dos grupos de cuatro.

[CORO] 1   ¡Reine Ónfale! ¡Al arma! ¡Al arma!
[CORO] 2   ¡Viva Alcides! ¡Guerra! ¡Guerra!
                  De Lidia en aplauso,   5
                  en honor de Micenas,
                  las trompas marciales asusten la tierra.

                                                        (*Batalla*)

[TESEO][10]   Las cajas heridas pronuncien horrores,
                  y muera al espanto, al estrépito muera
                  y pues por Ónfale mi brazo os alienta,   10
                  rigiendo sus güestes, quien vive por ella[11],
                  el día entre nubes de flechas y polvo;
                  el aire entre voces, gemidos y quejas,
                  destruye, acomete, batalla, pelea.

    Retirándose los de tierra y entrando tras ellos las tropas de Héctor y Pirítoo,
queda Hércules en el tablado[12] solo

ESCENA PRIMERA

Hércules solo
HÉRCULES   Eso sí, generosos   15
                  émulos del valor que asombra el mundo,
                  veloz discurra Marte furibundo
                  por la infeliz campaña,
                  que de Hércules el brazo os acompaña,
                  cuya adquirida gloria   20
                  con solo el nombre afirma la victoria

Aria
                      Avance, avance
                  siempre el furor,
                  y a todo trance
                  siga el alcance   25
                  vuestro valor.
                      No el enemigo
                  sobre sí vuelva,

---

[10] Aunque no se indica ni en BNE y BnF, por el contenido de los versos no puede ser otro.

[11] En el manuscrito de la BNE los versos 10-11 aparecen como un añadido a la primera redacción y luego, plenamente incorporados a la versión impresa de BnF.

[12] BNE: *queda Hércules solo.*

¡Marchad os digo!
¡Talad la selva!   30
Que si hay abrigo,
puede el vencido ser vencedor.
Avance, avance, etc.

(*Avancen*)

Cajas y clarines

¿Alto hacéis a pesar de mis desvelos?
¡Vive Júpiter sacro!

Escena II

Hércules y Teseo que de un monte cae[13] precipitado
[*Teseo y Hércules*]

TESEO	¡Piedad, cielos!
HÉRCULES	Hombre infeliz que muerto se adelanta

a ser tu estrago, estorbo de mi planta[14],
si es que eres mío averiguar deseo.

TESEO	Llega, que aunque sin vida… mas, ¿que veo?
HÉRCULES	Cielos santos, ¿qué miro?
TESEO	¿O es ilusión que admiro?
HÉRCULES	¿O es sombra a quien no creo?
TESEO	¿O eres Hércules tú?
HÉRCULES	¿O eres Teseo?
TESEO	Yo soy el desgraciado

mísero objeto del rigor del hado   45
cuya crueldad me trae en lo que sigo
a ser contrario del mayor amigo.

HÉRCULES	¿Pues en Lidia qué haces y[15] qué dices?
TESEO	Esas errantes tropas infelizes

que destroza[16] tu diestra vencedora,   50
de la divina Ónfale (a quien adora
mi pecho) son, y yo soy quien las mando.

HÉRCULES	Acabara tu voz de estar dudando.

---

[13] BNE: *que cae de un monte.*

[14] Proyecto o disposición que se hace para asegurar el acierto y buen logro de un negocio o pretensión.

[15] BNE: *o.*

[16] BnF: *destrozó.*

Las líneas 35 y 40 corresponden a las marcas de numeración junto a «Hombre infeliz que muerto se adelanta» (35) y «¿O es ilusión que admiro?» (40).

¡Hola, soldados míos!
¡Tened las armas! ¡Suspended los bríos!   55
¡A recoger con orden y destreza!
Mira si te obedece mi fineza,
aun sin mandarlo. ¿Es esto lo que quieres?
Pues ya servido estás.

TESEO   Eres quien eres[17].
Dúo
HÉRCULES   No dudes mi amor.
TESEO   Ni tú mi lealtad.   60
LOS DOS   Mis brazos confirmen tan fina verdad
HÉRCULES   ¿Teseo animoso[18]?
TESEO   ¿Alcides glorioso?
LOS DOS   El alma es la prenda de nuestra amistad.

Escena III

Ceto, Pirítoo, Calais, Hércules, Teseo y Coscorrón y comparsa[19]
PIRÍTOO   Los clarines veloces,
                        ecos marciales fueron de tus voces.   65
CETO   La victoria dejamos conseguida.
CALAIS   Pero imperfecta, mas que suspendida
COSCORRÓN   Por la voz que a la oreja me acomete
                        a medio desnudar dejo[20] un pobrete
PIRÍTOO   ¿Cómo pierdes tal gloria que te aclama?   70
HÉRCULES   Más vale mi amistad que no mi fama.
                        ¿No miras a Teseo?
PIRÍTOO, CETO Y CALAIS   A tu orden tienes
                        a los tres.
HÉRCULES   Dadme todos parabienes
                        de haberle hallado.
TESEO   Yo soy el felice
HÉRCULES   ¿Pero es posible que acento dice   75
                        que de Ónfale idolatras la belleza?

---

[17] Aquí se acaba la Escena 2 en BNE. BnF incluye el siguiente dúo.

[18] Recordemos que «el Animoso» era el sobrenombre del rey Felipe V.

[19] En BNE el orden es: «Comparsa, Ceto, Calais, Hércules, Teseo y Coscorrón y Pi-
roctoo».

[20] BNE: *dejo a*.

	¿Héroe tan grande, explica una flaqueza	
	indigna de su fama prodigiosa?	
TESEO	¡Ay, Hércules que Ónfale es muy hermosa!	
HÉRCULES	O tú muy fácil	
TESEO	Si es que a verla llegas,	80
	y de sus ojos en la luz te arregas,	
	has de cegar. ¡Y lo encarezco poco!	
HÉRCULES	No pases adelante, que estás loco.	
TESEO	Desdichado nací si ella te inclina[21].	
HÉRCULES	Vamos a ver mujer tan peregrina[22],	85
	y a batallar con el peligro fiero	
	de un monstruo que a Teseo ha sujetado;	
	el más feroz, por ser más delicado.	
TESEO	Búrlate bien de mí.	
HÉRCULES	Servirte espero,	
	ya que Euristeo quiso	90
	viniese a Lidia a dar a Ónfale muerte	
	y, trocada la suerte,	
	no puede ser Alcides su homicida[23],	
	porque es tu vida escudo de su vida.	
	Pero será preciso	95
	veamos este asombro de hermosura.	
COSCORRÓN	¡Mal haya mi ventura!	
	Que a medio rellenar el balsopeto[24]	
	—una vez que acometo—	
	la llamada me coca[25].	100
	¡Reventara el clarín y quien le[26] toca!	
HÉRCULES	Toca a marcha ¿No vienes?	
TESEO	Ya te sigo.	
HÉRCULES	De paz llamada haced al enemigo,	
	porque venciendo el miedo me reciba	
	y de todos repetid:	
A cuatro	¡Hércules viva!	105
	(Éntrase con las comparsas)	

---

[21] BNE: *si a ella te inclinas* y, después, corrige con tachaduras: *a ella de inclinas*.

[22] Excepcional.

[23] El posesivo *su* aparece como un añadido posterior a BNE que se incorpora en BnF.

[24] *Balsopeto*: Bolsa grande que de ordinario se llevaba junto al pecho.

[25] Cocar vale aquí por espantar, poner miedo (Covarrubias).

[26] Leísmo.

ESCENA IV

Teseo solo

TESEO   ¡Ay de mí! Que no sé si le agradezca
que venga a separarme
de los pies de mi dueño, o a enfrentarme
cuando al valor que animo[27] no obedezca.
¡No hay batalla que el pecho no padezca!   110

Aria

     Asaltado está mi pecho
como escollo a quien combaten
en la playa[28] el viento, el mar.   *(ojo al silvo)*
     Amo a Ónfale y a mi fama.
De mi honor u de mi dama,   115
me es preciso separar.
No hay camino, amor me dice,
—¡oh infelize!—
         de olvidar.
     Asaltado está mi pecho, etc.

                                         (Silvo)

ESCENA V

Apartamiento real[29] de Ónfale
Ónfale sola

Dentro (a ocho)   A merced de los bienes y las vidas,
ríndete Ónfale.   120

ÓNFALE   ¡Oh voces mal nacidas!
¡Oh plebe conquistada
aun antes del temor que de la espada!

VOCES [*A ocho*]   Las tropas nuestras fugitivas vienen.

---

[27] De nuevo encontramos aquí una autocorrección, pues inicialmente el manuscrito recoge *anima* para luego corregirlo por *animo*.

[28] *Plaia* en BNE.

[29] BNE: Acampamento. En cualquier caso, probablemente se refiera al Salón Magnífico de la lista de mutaciones o Salón Real de la contabilidad de la comedia. Véase nota anterior a la lista de mutaciones. También, en el Acto 2, Escena 6 se indica «Repítese el salón con apartamiento de Ónfale».

ESCENA VI

Ónfale y Electra amazona y comparsa de damas
[*Sale Electra*]

ELECTRA	Mientras mis amazonas las detienen,	125
	sálvate —¡oh reina!— en el esquife hermoso	
	que la plata del Sigaris[30] undoso[31]	
	entorcha con la quilla	
	por el jardín que roza con su orilla,	
	sal, mientras yo peleo.	130
ÓNFALE	¿Qué más me aconsejará de Euristeo	
	la saña vengativa?	
	Muera con fama y sin honor no viva.	
Arias		
	Quédate en guarda[32]	
	de este palacio,	135
	mientras mi gente	
	formo en su espacio,	
	y juzga que,	
	yo venceré,	
	si yo peleo[33].	140
	Quédate en guarda, etc.	
	Vasallos míos,	
	ya mi persona	
	crece los bríos	
	al que blasona	
	de ser leal.	145
	Vasallos míos, etc.	
	Al arma toque trompa marcial,	
	que hoy hago examen de vuestra fe.	

(*Vase*)

---

[30] Hoy el río turco de Sakarya o Sangario que atraviesa la región que antiguamente se denominaba Frigia y que desemboca en el mar Negro.

[31] Que se mueve haciendo olas.

[32] BNE: *Queda tú en guarda.*

[33] En BnF el orden de estos dos versos es el contrario (si yo peleo / yo venceré) por una mala interpretación de la corrección realizada en el manuscrito de BNE, donde el verso «yo venceré» ha sido introducido posteriormente entre las líneas de los versos de «y juzga que» y «si yo peleo».

ESCENA VII

Electra sola

ELECTRA	Ciega temeridad contra la suerte	
	la anticipa a su ruina tan ufana.	

ESCENA VIII

Pirítoo y Electra

PIRÍTOO	Sálvete el cielo, Ónfale soberana.	150
ELECTRA	Osado griego, si a buscar tu muerte	
	te arrojas. Mas, ¿qué advierte	
	mi idea confundida?	
PIRÍTOO	No vengo, Electra, sino a hallar mi vida.	
	¿Tú en Lidia, dueño hermoso?	155
ELECTRA	Sí, cruel; sí, tirano; sí, alevoso.	
PIRÍTOO	Desde que fui enviado	
	al imperio amazónico, guiado	
	de la propicia estrella	
	que me indujo a adorar tu imagen bella,	160
	tus esquiveces lloro.	
ELECTRA	Lo que dices ignoro,	
	¿a qué vienes aquí?	
PIRÍTOO	De paz me envía	
	Hércules a decir a Ónfale hermosa	165
	que la guerra ha cesado	
	y, teniendo lugar la cortesía	
	(en una oposición que es generosa)	
	viene a verse con ella.	
ELECTRA	Pues basta, embajador, el labio sella	170
	y, como tal, tú seas bienvenido.	
PIRÍTOO	Y como quien te adora y te ha querido...	
ELECTRA	¡Que al punto te me quites de delante!	
PIRÍTOO	¿Conque me tengo que ir?	
ELECTRA	Pero al instante[34].	
Aria		
PIRÍTOO	Sin vida voy,	175

---

[34] BNE: *istante.*

pero un alma que te doy
a tus pies se quedará,
  que sabrá
lo que calla mi respeto
explicar con[35] el secreto,   180
y sin voces hablará.
     Sin vida voy, etc.

Escena IX

Electra, Ónfale, Pizpireta[36] y comparsa de damas

ELECTRA	¿Ónfale?
ÓNFALE	Nada digas,

que ya sé que las huestes enemigas
señas de paz han hecho,
y Hércules, a pesar de mi despecho,
ese monstruo terrible,   185
viene a parlamentar, siendo forzoso
le reciba templada y apacible.

PIZPIRETA   Aseguran que es dije[37] muy donoso,
pues se suele almorzar media serpiente
sin tener harto para untar un diente[38].   190

Suena un clarín

ELECTRA   Ya llega a tu presencia
ÓNFALE   ¡Oh suerte esquiva!

Dentro a cuatro voces

     ¡Viva el famoso Alcides! ¡Viva! ¡Viva!
ÓNFALE   ¡Ay, Teseo, tu ultraje me hace guerra!

Dentro a cuatro voces

     ¡Viva el tebano asombro de la tierra!   195

---

[35] BNE: *en.*

[36] BNE: *Pespireta.*

[37] Persona de relevantes cualidades físicas o morales.

[38] Frase con que se da a entender que es muy poca la comida o que es gran comedor el que ha de comer (*DA*).

Escena X

Al son de la marcha sale delante la comparsa de Hércules, Ceto y Calais, Coscorrón, Pirítoo y los últimos, Teseo y Hércules que mientras habla Ónfale está mirando a otra parte[39].
Aria

ÓNFALE	¡Viva quien ya venció!	
	Mas —¡ay!—, ¿qué es lo que digo?	
	¿Cómo repito yo	
	«viva quien ya venció» si es mi enemigo?	
	Por fuerza me condeno	200
	a pronunciar veneno	
	que, siendo aplauso en él, es mi castigo.	
	¡Viva quien ya venció!, etc.	
TESEO	A tus plantas, señora,	
	llegan Ceto y Calais, hijos del viento.	
CETO	A explicar una fe[40]	205
CALAIS	y un rendimiento.	
TESEO	Pirítoo desea	
	besar tu mano.	
PIRÍTOO	Y ese favor sea	
	quien a su esclavitud aumente lazos.	
ÓNFALE	A todos os respondo con mis brazos,	
	que alcéis del suelo os pido.	210
TESEO	Alcides, ¿cómo estás tan distraído[41]?	
	Ónfale aguarda.	
HÉRCULES	Ya hablaré con ella,	
	que si —como tú afirmas— es tan bella,	
	prevenir el peligro es conveniente,	
	para que no me mate de repente.	215
TESEO	¿Aún dura la ironía?	
COSCORRÓN	Bellas muchachas hay por vida mía	
	en aquesta ciudad. La que allí veo	
	con los ojos, no más danza un guineo[42].	

---

[39] La acotación, en realidad, aparece al final de la escena 9 en lugar de al comienzo de la 10 tanto en BnF como en BNE. En BNE, *mientras habla Ónfale, no la mira Hércules.*

[40] una fe: una promesa.

[41] BNE: *divertido.*

[42] Baile popular y truhanesco parecido a la zarabanda que se introdujo en el teatro en el siglo XVII. Ambos se bailaban con castañuelas en un compás ternario y con movimientos de pies y del cuerpo un tanto retorcidos y descompuestos (Esses 1992: 542).

HÉRCULES	Ónfale peregrina,	220
	aunque Euristeo contra ti me envíe,	
	la amistad de Teseo, que me inclina	
	a que el trofeo de la paz confíe,	
	permito que me guíe	
	a tus pies, donde aspire, siendo cuando…	225
(*Aparte*)	—¡Cielos! ¿Es Venus, la que estoy mirando?—	
	… en mi vida (¡el aliento se apresura!)	
	he visto igual beldad, rara hermosura.	
TESEO	¿Qué es esto, Alcides? ¿Os habéis turbado?	
ÓNFALE	¡Qué aspecto tan feroz! ¡Qué desagrado	230
	infunde su presencia!	
ELECTRA	Mejor dirás «amable reverencia».	
TESEO	¡Dime a mí lo que sientes!	
ÓNFALE	¿Qué os obliga	
	a no explicaros más?	235
HÉRCULES	No sé qué diga.	

Aria

(*A Ónfale*)	Señora, yo estoy sin mí,	
(*A Teseo*)	Teseo, tienes razón…	
(*A Ónfale*)	yo vengo a obsequiarte aquí.	
(*A Teseo*)	Te confieso	
	que no vi	240
	más divina perfección.	
(*A Ónfale*)	Todo lo que discurrí,	
(*A Teseo*)	ya te envidio tu pasión,	
(*A Ónfale*)	así que os vi, lo perdí	
(*A Teseo*)	¡Bien haya tu inclinación!	245
	Señora, yo estoy sin mí, etc.	
TESEO	¡Oh fementida suerte!	
	El conductor he sido de mi muerte	
ÓNFALE	Hércules generoso,	
	venid a descansar en el reposo	
	de este palacio, en donde honréis[43] la mesa	250
	de Teseo y mis nobles capitanes[44],	
	hoy que la guerra cesa;	
	que, aunque plumados y alevosos canes,	

---

[43] BNE: Tachado 'haveis' y corregido 'honráis'.
[44] Este verso está añadido a posteriori en BNE y se mantiene en BnF.

las traidoras arpías,[45]
insultármela suelen los más días   255
desde que por Jasón se desterraron,
y a mis islas estrofadas[46] llegaron,
contigo solo destruirlas puedo.

HÉRCULES   Tan justamente agradecido quedo
que, en recompensa del favor te pido,   260
por esclavo rendido
de tu suma belleza,
selles con tus preceptos mi fineza.

TESEO   ¿Qué escucho? —¡Ay infelice!—

Al pasar Ónfale a Teseo

ÓNFALE   Ya entiendo lo que mudamente dice   265
tu funesto semblante,
mas yo soy tan leal como tú amante.

TESEO   Vida me da ese acento.

ÓNFALE   Seguidme todos publicando al viento,
glorias de aquel que no hay quien hoy le iguale.   270

VOCES[47]   ¡Viva Alcides!

HÉRCULES   Soldados[48], ¡viva Ónfale!

TODOS[49]   ¡Ónfale viva!

COSCORRÓN   Reina, ¿no podremos
decirle a usted... ya entiende?

PIZPIRETA   Nos veremos,
que luego estaré sola

COSCORRÓN   Pues como eso sea así, ruede la bola.   275

Vanse todos y queda sola Electra, y va pasando en un medio punto sentado en
una concha de cara, que es como carro tirado de águilas de oro, Júpiter

---

[45] Las arpías, hijas de Neptuno, eran monstruos alados que tenían rostro de vieja y cuerpo de buitre. Hacían sentir un olor infecto a su alrededor y corrompían al momento cualquier alimento que tocasen. Apolonio de Rodas en *Argonáuticas* (II, 258-297) cuenta la historia de Fineo, rey de Tracia, que, por haber revelado una decisión de los dioses y haber perseguido a los hijos de su primer matrimonio, fue atormentado por las arpías. Estas aparecían en el palacio a las horas de las comidas robando los manjares y ensuciando la mesa hasta que Cetes y Calais liberan a la víctima. Una vez obligadas a marcharse de Tracia, las arpías marcharon a las islas Estrófades, donde se dedicaron a molestar a los exiliados troyanos (*Eneida*, III, 209-268).

[46] Estrofadas, estofadas. Metafóricamente se toma por algo famoso y de buen nombre (*DA*). No obstante, aquí parece hacer referencia a las islas Estrófades en este *collage* de mitos que hace Cañizares.

[47] BNE: *Soldado 1º*.

[48] BNE: *Soldado*.

[49] BNE: *Soldado 1º*.

Escena XI

Electra sola
Aria
ELECTRA

> Aunque es fiero y animoso,
> es Alcides generoso,
> y a mi genio así complace,
> más que fuese[50] estrella rara,
> que conmigo confrontara,   280
> que este afecto de algo nace.

Escena XII

Júpiter solo
JÚPITER

> Cruel venganza mía,
> pues de Ónfale el rigor que amante sigo,
> me confirma enemigo
> de Teseo en el día   285
> que es el motivo de su tiranía.
> Y pues que Pirítoo es a quien ama
> Hércules tanto como el orbe aclama,
> y ambos un sacrilegio cometieron
> cuando a robar a Proserpina fueron,   290
> tal que están al abismo destinados,
> pues defienden a Hércules los hados,
> mueran los dos y quede mía Ónfale,
> que al hijo de Anfitrión tanto aborrece[51].
> Mi fulminante diestra el rayo exhale   295
> contra quien lo merece.
> Crezca mi enojo, pues mi agravio crece.

Aria

> Rasgando a la nube,
> el fúnebre seno,
> el eco del trueno,   300
> la trompa será.
> Que, airado, a la tierra

---

[50] más que si fuese.

[51] Anfitrión es el padre de Heracles (Hércules), quien nació de su unión con Alcmena, hija del rey de Micenas.

publique la guerra,
que el pecho avasalla,
de cuya batalla,   305
participará.

Rasgando a la nube, etc.[52]

Ha ido caminando en línea diagonal la tramoya de Júpiter hasta esconderse y por distintos bastidores, como acechando, salen los dos graciosos[53]

Escena XIII

Coscorrón y Pizpireta
Dúo

COSCORRÓN	Digo, ¿a[54] señora?
PIZPIRETA	¿Qué cosa é[55]?
COSCORRÓN	Ya ve que es hora.
PIRPIRETA	No sé de qué. 310
COSCORRÓN	Muy buenos días dé Dios a usté.
PIZPIRETA	Así los tenga vuesamercé.
COSCORRÓN	¿y la comida?
PIZPIRETA	Ya prevenida.
COSCORRÓN	¿y aquel citote[56]? 315
PIZPIRETA	Fuese de trote[57]
COSCORRÓN	¿pues cómo fue?
PIZPIRETA	He reparado que es muy astroso,
	puerco, asqueroso.
	Conózcase[58]. 320
COSCORRÓN	Me asesinó.
PIZPIRETA	La reventé.

Digo, ¿a señora?, etc.

COSCORRÓN	Ven acá ninfa de escalera abajo[59],

---

[52] No hay indicación de repetición del retornelo en BnF.

[53] BNE: *Se encubre la tramoya diagonalmente y salen por los bastidores los graciosos.*

[54] Interjección para procurar la atención de alguna persona o para llamarla (*DA*).

[55] Por *es*, lo mismo que más adelante Coscorrón dice *usté* por *usted*.

[56] Citación. Era voz informal.

[57] Hecho deprisa, sin pensar.

[58] Reconózcalo.

[59] Ninfas eran cada una de las deidades de las aguas, bosques, etc., pero también se refería a la mujer joven que se tenía por dama cortesana y, por extensión, en la literatura también se asocia

maestra de esgrimir el[60] estropajo,
con todo ese desdén y esa bambolla[61],   325
alimentada con zurrapas de olla[62].
Estás endemoniada.
¿A este brío, a este aspecto y a esta espada
tal engaño, menguada criatura?

PIZPIRETA   Por cierto que es usté[63] rara figura.   330
                   Yo he visto su retrato.

COSCORRÓN   ¿En dónde, dueño ingrato?
PIZPIRETA   Con su cara, cintura, brazo y pierna,
                   tejido en el tapiz de una taberna.

COSCORRÓN   ¿Yo en taberna y merezco una garnacha?   335
                   ¿Que esto oiga de una pícara borracha?

Aria

                      Toca a rebato
                   que la degüello.
                   Más, que la mato.
PIZPIRETA   Tente varón,   340
                   que soy donosa
                   y, en cualquier cosa,
                   la que es hermosa
                   tiene razón.
                      Toca a rebato, etc.[64]

COSCORRÓN   Tiene razón.   345
                   Fáltate el brío.
                   Di, Coscorrón...
PIZPIRETA   ¿Qué hay dueño mío?
COSCORRÓN   Que tras tu ceño
                   va mi albedrío[65]   350
                   como va el gato tras el ratón[66].

---

con frecuencia con el mundo de la prostitución o ligereza de costumbres. El que Pizpireta sea
ninfa de «escalera abajo» se refiere a su extracción social.

[60] BnF: *del.*

[61] Era un vulgarismo para referirse al boato y ostentación (*DA*).

[62] Alimentada con una las briznas de la carne de una olla.

[63] BnF: *usted.* Mantenemos el *usté* del manuscrito de BNE por consistencia con el lenguaje
de Pizpireta.

[64] No hay indicación de repetir el retornelo en BnF, pero sí en BNE.

[65] En BNE hay otra posibilidad para estos dos primeros versos, luego se descarta y tacha: «¿A
que es muy bella? / Se va tras ella ya mi albedrío».

[66] A continuación, BNE recoge el siguiente texto, luego tachado, que no aparece en BnF:

COSCORRÓN   Y así, ¿que hemos de hacer si amor me aprieta?
              ¿Cómo te llamas, niña?
PIZPIRETA   Pizpireta.
              ¿Y vuesasté?   355
COSCORRÓN   Coscorrón.
PIZPIRETA   Pues en efecto,
              yo me encoscorro.
COSCORRÓN   Y yo me empizpireto.
A dúo
LOS DOS   Pues adiós, adiós, adiós[67].   360
COSCORRÓN   Nos veremos,
PIZPIRETA   Hablaremos,
LOS DOS   de la boda entre los dos.
COSCORRÓN   ¿Dueño mío?

Pizpireta   ¿Pensará usted, sea mono,
              que me obliga o me espanta
              la susodicha planta
              y la altura de tono?
              Por no ensuciar mis manos le perdono
              que no me asusto yo de cosas pocas.
Coscorrón   Hija del alma mía, me provocas.
Pizpireta   Vaya que es un guiñapo
Coscorrón   Por vida de esta oja
Pizpireta   A señor guapo
              todo eso es jácara,
              no vale un rábano,
              que como tábano
              o como can
              ladre, zascorre
              su galán.
                     Aria
              Dé gracias al cielo
              traza de cobielo
              que creo que sale
              la señora Ónfale
              déselas sí, sí.
Coscorrón   Dé gracias al cielo que estamos aquí
              que si le cogiera
              donde yo pudiera
              a mi amorada
              mas no importa nada
              yo buscare espada
              vengase tras mí.

[67] El tercer adiós no aparece en BNE y en BnF el tercero es únicamente *dios*.

PIZPIRETA	¿Amante frío?	
COSCORRÓN	Mientras tanto...	365
PIZPIRETA	Si le aguanto...	
Los dos		

Pues mi afecto no desdeñas,
hazme señas con la tos,
    Pues adiós, adiós, adiós, etc.

Escena XIV

Mutación de jardín y despeñaderos de agua y estatuas[68]
Ónfale, Teseo, Coscorrón y Pizpireta

ÓNFALE   Ten cordura, Teseo,
    y aunque Alcides —según has confesado—   370
    a mí se haya inclinado,
    no te inquiete su enojo o su deseo;
    que te escucho, te estimo y aun te creo.

TESEO   ¿Puedo fiar de tu palabra?

ÓNFALE   Fía,
    que estás seguro.

TESEO   ¡Ay, dulce prenda mía!   375
Aria

    No hago poco, créeme,
en callar, cuando mi fe,
a tu juicio la sujeto,
tierno objeto
        de mi amor.
    Que no sé cómo podré   380
unos celos tolerar
—¡Ay Ónfale!— sin matar
a un amigo que es traidor.
    No hago poco, créeme, etc.

(*mientras el retonerlo, caxa y clarín prevenidos*)

ÓNFALE   Ya llegan a este ameno sitio hermoso
    que para mi convite he destinado.   385
    Atiende a la palabra que me has dado,
    que voy a recibirlos.

---

[68] Se refiere a la mutación que aparece en la lista como «Jardín delicioso con despeñaderos, y estanques de aguas, y varias fuentes».

ESCENA XV

Pirítoo y Teseo

PIRÍTOO	Generoso Teseo,	
TESEO	Pirítoo, bien venido.	
PIRÍTOO	Hércules ya carece de sentido,	390
	buscando llega a Ónfale,	
	y del palacio a estos jardines sale,	
	no ya estraño, sino es fino[69] y contento.	
TESEO	Esto solo faltaba a mi tormento.	

ESCENA XVI

Hércules, Teseo, Pirítoo, Ceto, Calais, Pizpireta, Coscorrón, Electra y comparsa que sirve las mesas[70]

ÓNFALE	En hora feliz vea	
	este glorioso día.	395
HÉRCULES	La pompa es vuestra, y la fortuna es mía[71],	
	si es que en serviros mi atención se emplea.	
(*Aparte*)	Dulce muerte sus ojos me están dando.	
ÓNFALE	Aquella es vuestra mesa, idos sentando.	
	Tú, Electra, ven conmigo.	400
ELECTRA	A recibir honor tus huellas sigo.	
TESEO	¡Paciencia, penas!	
ÓNFALE	Pueblen ya los vientos	
	salvas marciales, dulces instrumentos.	
TESEO	Yo haré la salva y todo el coro siga.	405

ESCENA XVII

Los dichos y Júpiter en el ayre sobre un águila[72]

JÚPITER	Para que[73] mi venganza se consiga…	
TESEO	Micenas fiel,	

---

[69] Amoroso.

[70] BnF: *a las mesas.*

[71] BNE: La fortuna mía.

[72] BNE: *Los dichos y Júpiter sobre un águila.*

[73] BNE: *Mientras.*

	Lidia inmortal,	
	hoy un laurel	
	parten igual.	410
CORO	La paz es solo	
	triunfo cabal.	
TESEO	Hércules viva,	
	y reine Ónfale,	
	la sacra oliva	415
	treguas señale.	
CORO	Muera la injusta	
	guerra fatal.	
LOS DOS COROS	Micenas fiel, Lidia inmortal,	
	hoy un laurel parten igual.	420
	La paz es solo triunfo cabal	
	muera la injusta guerra fatal.	
JÚPITER	Y mueran los traidores	
	que mis agravios cantan y mis celos.	

Desciende un rayo sobre la mesa. Bajan dos arpías y se llevan las viandas[74] *y vuelan y se hunden Teseo y Pirítoo*

HÉRCULES	¿Qué es esto, airados dioses?	

(Húndense Teseo y Pirítoo)

TESEO y PIRÍTOO		¡Favor, cielos! 425
ÓNFALE	Las arpías —¡oh Alcides valeroso!—,	
	roban las mesas. ¿cómo tal consientes?	
HÉRCULES	Veloces hijos nobles y valientes	
	del bóreas proceloso[75],	
	seguidlas[76] por el aire, y yo por tierra.	430

Sacando Ceto y Calais las espadas atraviesan el ayre volando[77]

CETO y CALAIS	Ya te obedezco	
HÉRCULES	¡Al arma!	
CETO y CALAIS	¡Guerra, guerra!	
HÉRCULES	A Pirítoo no veo	
ÓNFALE	¿A dónde está Teseo?	
ELECTRA	La tierra se ha rasgado	
	y en su centro, a los dos ha sepultado.	435

---

[74] BNE: *se llevan los manteles.*
[75] Del tempestuoso viento del norte.
[76] BNE: *Segildas.*
[77] BNE: *atraviesan bolando.*

ÓNFALE	¿Qué dices? ¡Ay, dolor!
HÉRCULES	Tu susto cese
	y, aunque me pese a mí de que te pese,
	no dudes que con ellos presto vuelva.
	¡A la selva, soldados!
A CUATRO	¡A la selva! 440
ELECTRA	Yo también, penetrando el horizonte,
	los buscaré en su espacio. ¡Al monte!
A CUATRO	¡Al monte!
JÚPITER	Su confusión mi venganza adula
ÓNFALE	¡Qué mal una pasión se disimula! 445
	A Teseo idolatro,
	todo el orbe será corto teatro
	a mi huella siguiendo al que me inclina.
ELLA [Ónfale] y a cuatro	¡Al monte, al valle, al risco, a la marina!

Desciende el águila con Júpiter y tendiendo las alas en cuyas puntas trae dos asientos, cierra la boca del teatro con un hermoso abanico de plumas, gasas y oro, y bajan acompañando esta[78] tramoya otras ocho en que vienen Plutón y Neptuno en carros adornados de sus atributos y seis ninfas que forman dos coros y suben sobre un monte Teseo y Pirítoo

ESCENA XVIII

Júpiter, Plutón, Neptuno, Pirítoo, Teseo y coros
Dúo

JÚPITER	¡A del abismo! ¡A del mar veloz! 450
	Resuene mi voz
	en uno y otro lugar.
NEPTUNO y PLUTÓN	Ya te obedecen iguales
PLUTÓN	los incendios,
NEPTUNO	los cristales.
NEPTUNO y PLUTÓN	Bien puedes, Jove, mandar. 455
JÚPITER	Pirítoo y Teseo
	son los que veis. Juzgarlos solicito,
	y que sufran la pena del delito
	de haber tenido el bárbaro deseo
	de robar a la diosa Proserpina. 460

---

[78] BNE: *la.*

	Mi permisión divina	
	los pone de los dos en la presencia	
	para que se pronuncie su sentencia.	
PLUTÓN	Yo, inexorable numen ofendido,	
	su estrago anhelo y mi despique[79] pido.	465
NEPTUNO	Sé piadoso, Plutón heroico y sabio,	
	que el castigo le da bulto al agravio.	
JÚPITER	Conque tú dices...	
NEPTUNO	Que se les perdone.	
JÚPITER	¿Y tú?	
PLUTÓN	Que mueran, porque no blasone	
	quien ultrajar los dioses solicite[80].	470
JÚPITER	Pues al coro celeste se remita	
	la competencia vuestra y logro mío.	
	A la esfera ascended, a donde os guío	
	a ser hoy desdichados o dichosos.	
TESEO	Dioses propicios.	
PIRÍTOO	Hados rigurosos.	475

Suben Teseo y Pirítoo sobre las puntas de las alas del águila hasta igualar con Júpiter[81]
Aria a dúo

TESEO	Mi ultraje no siento,	
PIRÍTOO	No siento mi injuria,	
TESEO	mi mal, mi tormento,	
PIRÍTOO	mi saña, mi furia,	
LOS DOS	Pues lloro una ausencia que es pena mayor	480
TESEO	Ónfale querida,	
PIRÍTOO	Electra adorada,	
TESEO	afirme mi vida,	
PIRÍTOO	mi afecto persuada,	
LOS DOS	que no temo nada,	485
	si no es la violencia	
	que se hace a mi amor.	
JÚPITER	Subid todos conmigo al regio trono.	
NEPTUNO	Siempre he de publicar que los perdono.	
JÚPITER	¿Qué importa, si tus voces no se siguen?	490
PLUTÓN	Siempre he de autorizar que los castiguen.	

---

[79] Desagravio, venganza.
[80] Busque y pretenda.
[81] BNE: *las alas del águila de Júpiter.*

JÚPITER	Lo que uno y otro pida,	
	el decreto del hado lo decida,	
	que yo, sin los motivos, no os comprendo.	
PLUTÓN y NEPTUNO	Ya te sigue mi coro repitiendo:	495
CORO 1º	¡Que mueran!	
CORO 2º	¡Que vivan!	
CORO 1º	¡Que mueran!	
CORO 2º	¡Que vivan!	
	¡Piedades adquieran!	
CORO 1º	¡Castigos reciban!	
LOS DOS COROS	Que trompas publiquen,	500
	buriles escriban:	

                                        (para aquí la mitad del coro)

CORO 1º	¡Que mueran!	
CORO 2º	¡Que vivan!	
NEPTUNO	Venganzas crueles,	
	no admiten los cielos.	
PLUTÓN	Sí en pechos infieles.	505
JÚPITER	Y más en mis celos,	
	que incendios avivan.	
LOS DOS COROS	[1º] ¡Que mueran! [2º] ¡Que vivan!	
	[2º] ¡Que vivan! [1º] ¡Que mueran!	
	[2º] ¡Piedades adquieran!	510
	[1º] ¡Castigos reciban!	
	[2º] ¡Que vivan! [1º] ¡Que mueran!	
	[1º] ¡Que mueran! [2º] ¡Que vivan!	

Fin del acto primero[82]

_____

[82] BNE: *Se suben todas las tramoyas y dase fin al acto primero.*

INTERMEDIO[1]

Damián[2] solo

DAMIÁN   Ya que la solfa mi re[3]
de la Jornada acabó,
y el sainete me tocó,
porque yo no sé porqué
¿qué es lo que me tañe?, ¿he?   5
¿A quién lo pregunto? A mí.
¿Y he de responderme? Sí
¿Estoy en paraje? Ya,
pues regio auditorio acá,
que voy a explicarme así: 10
¿Visteis una exhalación
que con los cielos apuesta
corriendo en el aire? Pues esta
es una comparación.
¿De qué? De mi presunción   15

---

[1] El siguiente intermedio se encuentra en la edición impresa de BnF, mientras que en la versión manuscrita de BNE encontramos el sainete que editamos a continuación.

[2] En BnF, tanto en esta acotación como en la identificación del personaje del primer parlamento se lee «Damián» en lugar de «Vizconde». Damián de Castro es el actor que hizo el papel de Vizconde (López Alemany y Varey 2006: 214) y que con este parlamento introduciría el baile, si bien sin aún adoptar su papel. De ahí que aparezca identificado con su nombre y no con el de su personaje.

[3] Se refiere a la música de la jornada anterior.

en aplaudir tan gran día
fausto esplendor de simpatía.
Mas, ¿qué digo? Estoy borracho.
Yo debo de ser un macho,
no obstante la señoría.   20
Pero en fin, tengo de dar,
a la infanta mi señora,
la bienvenida ahora ahora,
y ahora me empiezo a turbar,
infelize puesto (andar)   25
España (acción respetosa)
logre (¡el temblor me rebosa!)
tal dicha (¡discurso, tente!).
¿Me expliqué? Malditamente
no esperaba yo otra cosa.   30
Espíritu vizcondil,
de un título moscatel,
que puede hablar él por él,
por él y por veinte mil,
que torpe miedo civil,   35
de tu cholla[4] el facistol,
apaga como farol
en sitio tan principal,
ser el mayor animal
de quantos calienta el Sol.   40
Hízeme una zacapella[5],
pero el miedo que tal obra
es la razón que me sobra
para dejar de tenella,
tanta luz augusta y bella,   45
no es fuerza que me cegase,
pase por obsequio, pase,
que el respeto que los guía,
es la noble alferecía
de los hombres de mi clase.   50
Y así no hay que andar buscando
el cómo, el cuándo y el dónde.

---

[4] *cholla*: Cabeza.
[5] *Zacapella*: Riña o contienda con ruido y bulla. Se refiere a la que viene a continuación.

	a quien ve que se le esconde	
	el dónde, el cómo y el cuándo,	
	no diciendo, si callando,	55
	mi explicación se reciba,	
	que en lo que no acierta estriba.	
Sale el GALLEGO	Deme su mercé sus pies	
VIZCONDE	¿Es a mí?	
GALLEGO	A osté[6] propio	
VIZCONDE	Pues	
	sube un poco más arriba.	60
GALLEGO	¿Hacia qué parte?	
VIZCONDE	Jumento,	
	si no sabes de atención,	
	sube por tu comprensión	
	hasta hallar mi tratamiento.	
GALLEGO	Tráigole a osía un recado.	65
VIZCONDE	¿A quién?	
GALLEGO	A osía	
VIZCONDE	Eso sí.	
	Llégate gallofo[7] a mí,	
	que ya conmigo has topado.	
	¿Qué traes?	
GALLEGO	La fiesta, señor,	
	manda decir a vosté	70
	que usía muy bien lluve.	
	Explicareme mijor:	
	que es larga y que el entremés	
	se ha de curtar sin desliz.	
VIZCONDE	¿Desacoto[8] mi nariz	75
	que como la fiesta es?	
GALLEGO	Que usiría non se escuche,	
	que a vosté el tiempo le ataja.	
VIZCONDE	El gallego sube y baja	

---

[6] Por usted. De aquí en adelante no anotaremos las imitaciones del habla campesina de Gallego a no ser que puedan causar algún problema para su comprensión.

[7] Gallofero vale por pobretón, holgazán y ocioso (*DA*). También encontramos gallofo en el *DRAE* con la acepción de comida que se daba a los pobres de Francia que iban en peregrinación a Santiago de Compostela pidiendo limosna. El significado en el sainete debe andar en estas dos líneas.

[8] Quitar o levantar el coto.

	que parece sacabuche[9].	80
GALLEGO	¿Qué manda su señoría	
	que diga por su mercé?	
VIZCONDE	Que una patada te dé	(dale una coz)
	y te haga una cortesía	(hácele cortesía)
	por mezcla de tan vil casta	85
	en recado tan atroz.	
GALLEGO	Tómese osía lla coz	(dale una coz)
	que lla curtisía me basta	(hácele cortesía)
VIZCONDE	¡Ah, pícaro de la calle!	
	¿Conmigo tú?	
GALLEGO	En paz y en guerra	90
	sigo la ley de mi tierra,	
	que es, a quien ronca, runcalle[10].	
VIZCONDE	Pues ten por respuesta	
GALLEGO	Ten	
VIZCONDE	que ya en tal paraje,	
GALLEGO	Tal	
VIZCONDE	aunque mal parezca,	95
GALLEGO	Mal	
VIZCONDE	es bien que obedezca.	
GALLEGO	Bien.	(vase)
VIZCONDE	Gallego, pero se ha ido,	
	y hecho un mono me ha dejado.	
	Es que sí, ya me ha atajado,	

Suenan instrumentos

de la orquesta el dulce ruido		100
y puesto que me despido,		
dando el intermedio fin,		
ireme zampando, sin		
la cortesía que me toca,		
pues me la hurtan de la boca		105
los pies de ese trufaldín.		

Éntranse y se ejecuta la danza

Fin del baile

---

[9] Instrumento musical de viento hecho de metal que se alarga o se acorta a sí mismo para producir diferentes sonidos.

[10] Echar roncas [amenazas], amenazando o haciendo burla.

SAINETE PARA EL RETIRO[1]

Vizconde, Alcalde, Vizcondesa, 4 pajes, Gallego. 4 damas, un trufaldín, camareros

VIZCONDE	Damián [de Castro]
ALCALDE	[Francisco] Rico
CAMARERO	Y[g]nacio [Zerquera]
VIZCONDESA	[Manuel] Pacheco
TRUFALDÍN	[Juan] Quirante
GALLEGO	Ramón [de Villaflor]
4 PAJES	[Ramón] Verdugo, [Manuel[2]] Castro, [Francisco de la] Cueba y [Gaspar de] Guzmán.
4 DAMAS	Manuela Alonso, [Antonio] Plana, [Alonso de] Molina, [Diego] Rodríguez

*

Dentro voces y sale a medio vestir por un lado el Vizconde y el camarero
[CAMARERO] (*dentro*)   Señor varón, ¡fuegos, danzas,
                            regocijos y alegrías!

---

[1] Como ya se indicó, mientras que en BnF encontramos el «intermedio» referido anteriormente, en el manuscrito de la BNE encontramos este sainete que posiblemente fuera el que se representó ante los reyes, aunque las evidencias no son concluyentes. Véase «El intermedio y el sainete» en el estudio que acompaña a esta edición.

[2] Posiblemente fuera Manuel Castro, que ya participó en la loa y solía desempeñar papeles menores y hacer trabajos de menor importancia en la construcción de bastidores. Aunque menos probable por los papeles que solía tomar, también podría haber sido Francisca de Castro, que desempeñó el papel de Teseo en la comedia.

VIZCONDE   ¡Hola, gentiles hombres, hola!
                    Camareros de obra prima[3],
                    maestresala jubilado,   5
                    pues sola el hambre me trinchas,
                    vuestro señor natural
                    llamándoos se desgañita,
                    ¿no me oís?

                                                    Sale Camarero

CAMARERO   Señor, los pajes...
VIZCONDE   No se atragante, prosiga.   10
CAMARERO   Como están tan consentidos,
                    menos de que haya paliza
                    no quieren dejar la cama.
VIZCONDE   Gusta de dijes[4] mi prima[5].
                    Pajes chicos, sí, y es fuerza   15
                    que sus damas son muy lindas
                    con que el fuego junto al diablo,
                    llega la estopa y atiza[6].

Salen los pajes vestidos de golilla
CAMARERO   Ya vienen.
PAJES   Señor, —tun-tun—
PAJE 1º   Mi señora, que si usía…   20
                    —tun-tun—
PAJE 2º   Que si se pondrá…
                    —tun-turuntún— la berlina[7]
VIZCONDE   ¿Qué «tun-turuntún» es este
                    con que estos niños me liban
                    la paciencia, camarero?   25
CAMARERO   Como a las nuevas festivas
                    de las bodas del infante
                    ha ordenado useñoría[8]

---

[3] «De obra prima» se refiere a su baja cualificación, como en el caso de «maestro de obra prima» que se refería a los nuevos zapateros (*DRAE*).

[4] Persona de relevantes cualidades físicas o morales.

[5] Modo coloquial de referirse a su esposa.

[6] Variación cambiando los papeles desempeñados por el hombre y la mujer en el dicho popular en el que el hombre es fuego, la mujer, estopa, llega el diablo y sopla (o atiza). Aquí, no obstante, es la «estopa», es decir, la mujer, la que atiza.

[7] Coche de dos asientos.

[8] Vuestra señoría.

	—como, en fin, ilustre macho	
	de la recua que en Castilla	30
	cargada de heroicos timbres	
	coces a la fama tira—,	
	que a imitación de Madrid	
	fuegos haya en Boceguillas[9],	
	rabiando están por cohetes	35
	los chicos, y los imitan	
	tan con la boca.	
VIZCONDE	¿Qué va	
	que en mitad de las costillas	
	les imito yo la fiesta	
	con un buscapiés[10] de encinas[11]?	40
1o	Tan[12] aqueste es volador.	
2o	Señor tan este es de chispas.	
3o	—Tun-tún— este es de dos truenos.	
VIZCONDE	¿Hay mayor bellaquería?	
4o	Señor, —tun— este es de luz.	45
VIZCONDE	Tun-tún y esta es carretilla de coces.	
PAJES	¡Ay, que me matan!	
	(Sale[n] la Vizcondesa y las damas)	
VIZCONDESA	Primo, ¿pues qué es esto?	
VIZCONDE	Prima,	
	Esto es esto, y no más que esto;	
	y esto y esotro me irrita.	50
VIZCONDESA	Pues vos señor (¡qué pesar!)	
	colérico (¡qué fatiga!),	
	cuando yo (¡qué desaliento!)	
	vengo a veros (¡qué desdicha!)	
	y a disponer (¡qué presagio!)	55
	las fiestas (¡qué tontería!),	
	el corazón se retuerce,	
	el alma se desvencija,	

---

[9] Pequeño municipio de la provincia de Segovia.

[10] Cohete sin varilla que, encendido, corre por la tierra entre los pies de la gente.

[11] Se refiere a la costumbre de golpear a la servidumbre con una vara hecha de una rama de encina.

[12] «Tan» es usado en este y en el siguiente verso como intensificador de la cualidad que describen, «volador» y «de chispas». Adicionalmente, «tan» es también el nombre que recibe la corteza de la encina.

                                   el pecho se despilfarra,
                                   muerta soy.

                                                          (*desmáyase*)

VIZCONDE   ¡A, prima mía!   60
                                   Desmayóse, ¡presto, presto!
CAMARERO   ¿Qué queréis?
VIZCONDE   ¡Aprisa, aprisa!
DAMA   ¿Qué se ha de hacer?
VIZCONDE   ¡Luego, luego!
PAJE   ¿Qué ordenáis?
VIZCONDE   ¡Alivia, alivia!
TODOS   ¿Para qué?
VIZCONDE   Para eso mismo,   65
                                   lo propio, lo que os decía
                                   antes, después, mientras tanto,
                                   de esotra suerte y ansina[13].
TODOS   Si no decís nada...
VIZCONDE   Pues,
                                   endemoniada familia,   70
                                   ¿queréis que para un desmayo
                                   pida un plato de salchichas?
                                   Vuelve [*en sí la Vizcondesa*]
VIZCONDESA   No os ascatéis[14], que ya vuelvo
VIZCONDE   ¡Albricias, bestias!
TODOS   ¡Albricias!
PAJE 1º   El alcalde que los fuegos   75
                                   fue a ajustar pide improvisa
                                   audiencia.

VIZCONDE y
VIZCONDESA   Que entre Antón Cuero.
Sale Alcalde
ALCALDE   Dios dé a vuestras zorrerías[15]
                                   salud a puñados; tanta
                                   como goza mi borrica,   80
                                   aunque a mí sarna me pegue,
                                   y se nos quite en un día.

---

[13] Así.

[14] Lo mismo que «acatar», no temáis.

[15] Por «señorías».

VIZCONDE	Antón, ¿qué hay de los fuegos? ¿Visteis al oficial de Torja[16]?	
ALCALDE	Llegé a Alcalá[17] y en las calles	85
	y las plazas y las esquinas	
	por torrijas preguntaba	
	y ninguno llas[18] tenía,	
	hasta que di con un hermano	
	que con un ascua encendida	90
	y unos truenos enojado	
	estaba que echaba chispas.	
	Una sazonada fiesta,	
	como me ordenó usiría[19].	
	Lle pedí porque, señor,	95
	yo no ando en alicantinas[20],	
	lla verdad, al caso, luego	
	San Pedro te la bendiga.	
VIZCONDE	Prima, el alcalde es un bruto.	
VIZCONDESA	No es cierto,	
	¡qué sonsería[21]!	100
VIZCONDE	¿Cómo pedísteis los fuegos?	
ALCALDE	De carnero y de gallina	
	con su huevo, sal y especias,	
	y en cada plato seis libras,	
	porque, habiendo para todos,	105
	será lla fiesta cumplida.	
VIZCONDE	Bestia, ¿qué has hecho?	
ALCALDE	Señor...	
VIZCONDE	Dime, animal de las Indias,	
	¿te mandé yo concertar	110
	cohetes o almondiguillas[22]?	
ALCALDE	Una fiesta me pedísteis,	
	sazonada y exquisita,	
	yo cumplí con el encargo	

---

[16] Municipio de Guadalajara.
[17] Alcalá de Henares.
[18] Uso de ll en lugar de l en imitación de habla vulgar.
[19] Usía, vuestra señoría.
[20] Astucia o malicia con que se pretende engañar.
[21] Hacer o decir tonterías.
[22] Albondiguillas.

	pues yo no cuidé en mi vida	115
	de sazonar el oído,	
	estando ayuna la tripa.	
VIZCONDE	Mas que le casco...	
ALCALDE	Yo no ando en alicantinas,	
	lla verdad al caso y, luego,	120
	san Pedro te la bendiga.	
VIZCONDE	¡Desvíense que le pego!	
Dentro voz	¡Tente fiera, aparta, quita!	
VIZCONDE	¿Qué ruido es ése?	
PAJE 1º	El comprador Juan de Limias	125
	ha llegado de la corte.	
VIZCONDE	Él, pues la función vería,	
	nos la dirá. ¿Gustaréis	
	que la cuente?	
VIZCONDESA	Que la diga.	

Sale Gallego

	GALLEGO	Señor.	
VIZCONDE	¿Qué hay, Gallego?	130
VIZCONDESA	¿Qué hay, intendente de la sisa[23]?	
GALLEGO	Hay mucho cuento, señora.	
	Vengu que el alma me brinca	
	de contenta, peru traigu	
	unus sesus patas arriba.	135
VIZCONDE	Hijo, ¿vistes a la infanta?	
GALLEGO	¡Jesús, qué cosa tan linda!	
ALCALDE	¿y el infante?	
GALLEGO	Es muy hermosu.	
	Lla mejor dama pudría	
	ponerle por broche al pechu,	140
	y el respetu por reliquia.	
	Mas yo vengu escandecido.	
TODOS	¿De qué?	
GALLEGO	De que todus digan	
	que son una cosa grande	
	personas tan chiquititas[24].	145
VIZCONDE	Trata, Gallego, de no	

---

[23] Parte que se defrauda o se hurta.
[24] Se refiere a la corta edad de los futuros esposos.

	entrarte en filosofías,	
	la grandeza no se mide	
	por cuerpos.	
GALLEGO	Que nun se mida.	
	Mas déjeme relatar	150
	que cortu me costó que viva	
	de apretones, mi alma, adiós;	
	que vengu sin paletilla.	
	En dos escaparatones	
	de oro, tablas y cortinas	155
	iban llos dos nuesos amos	
	contentos y con su parviña	
	con lla parva de seu fillas	
	pues todas os bendecían.	
	Yo estiraba el meu gañote	160
	par ver cata que se atisban,	
	cuando de gozu tirei	
	lla montera paran riba	
	saltandu con los muchachos	
	y gritandu: ¡Vivan, vivan!	165
VIZCONDE	¡Válgame Dios lo que es	
	la lealtad! ¡Se despepita[25]!	
	Hijo, Juan, sosiégate.	
VIZCONDESA	¡Qué explicación tan galicia[26]!	
ALCALDE	¿y hubo fuegos?	
GALLEGO	¡Ay señor,	170
	que la mijor se me olvida!	
	Que vi al cavallu de folla[27].	
VIZCONDE	¿de Troya?	
GALLEGO	Así le apellidan.	
	Es una bestia mayor	
	que treinta veces usía.	175
VIZCONDE	Será el caballo de Troya	
	que allá Virgilio nos pinta[28].	

---

[25] Mostrar con vehemencia afición a algo.

[26] Con mucho sentimiento.

[27] Folla era una diversión teatral compuesta de varios pasos de comedia inconexos, mezclados con música. Véase «follas de entremés» en N. D. Shergold y J. E. Varey (1963: 242). También era cualquier tipo de alboroto y desconcierto.

[28] *Eneida*, Libro II.

GALLEGO   Él es de folla, más yo
                           nunsé si tiene vejigas[29]
                           solo sé que si pillara   180
                           tan guapa caballería
                           hacíame al punto arrieru
                           y era ricu bien aprisa
                           traiendu en cada viaje
                           cien quintales de sardinas.   185

ALCALDE   Tan grande animal no es dable
                           que fuese persona viva.

GALLEGO   Éralu, mas del caminu,
                           algo vareadu vernía.

ALCALDE   ¿Por qué?

GALLEGO   Era panchu de fauces   190
                           y estrujado de barriga,
                           mais faliú como los diabros
                           que, entrándose en una ermita,
                           a puras coces de fogo
                           fizu llos muros astillas.   195

VIZCONDE   Lo que es no ser docto, ese
                           el paladión[30] significa
                           que fabricaron los griegos.

GALLEGO   You tengo buena lla vista,
                           pero el pendón de los ciegos   200
                           pur allí non parecía.

VIZCONDE   ¿Qué era la historia?

GALLEGO   De foya.

VIZCONDE   ¿y el resto de la inventiva?

GALLEGO   De foya.

VIZCONDE   ¿Y los estandartes?

GALLEGO   De foya.

VIZCONDE   ¿Y las barandillas?   205

GALLEGO   De foya.

VIZCONDE   ¿Y el animal?

GALLEGO   De foya.

VIZCONDE   ¡Lengua maldita,

---

[29] Gallego confunde «Virgilio» por «vejiga». Más adelante también confundirá «griegos» con «ciegos», etc.

[30] Objeto en que estriba o se cree consiste la defensa y seguridad de algo.

	en mala foya[31] te ahogues!	
GALLEGO	Foya era abaja y enrriba	
VIZCONDE	¿Tenía cohetes?	
GALLEGO	Si tantos	210
	cosiesen en la ropilla	
	a usía y le diesen fogo,	
	ni en tres leguas pararía.	
VIZCONDE	¡A ti y al gallego infame	
	qué te hizo!	

Pégale

GALLEGO	¡Virgen María,	215
	que me enforcan[32]!	
VIZCONDESA	A señor,	
	no me inmuten vuestras iras.	
GALLEGO	Era el caballu de foya	
	y basta que you lo diga.	
ALCALDE	Gallego, tú quieres coces...	220
PAJES y DAMAS	¡Calla, demonio!	
VIZCONDE	¡Por vida!	
GALLEGO	Caballu de foya era,	
	mis paisanus llo decían.	
ALCALDE	Usía es prudente y no	
	debe hacer majaderías	225
	por cosas así.	
VIZCONDE	Él será,	
	su corazón y su vida,	
	el majadero y el bruto.	
	Mas fuerza es templarme, prima,	
	pues vos de la paz tercera	230
	y el corazón, la clavija,	
	me retorcéis el enojo	
	hasta saltar de alegría.	
	Hoy se han de botar las fiestas,	
	y en señal de que principian,	235
	seguidme, que vuestras damas,	
	aquí en mi repostería,	
	con mis pajes han de hacer	

---

[31] Foya: hoya.
[32] Enforcar: ahorcar.

	la razón y una dancilla,	
	para que acabe el sainete.	240
ALCALDE	Pues do que usía nos brinda	
	a beber...	
TODOS	¡A la salud	
	del que fundó esta obra pía!	

Éntranse. En el ínterin sube el trufaldín sentado a su mesa con vasos y frascos de roschi y vino
Salen

VIZCONDE	A[33] Chicho, ve repartiendo	
	a estas damas de ese almíbar	245
TRUFALDÍN	¿Roschi, vini, misteli,	
	carraspati o malvasía[34]?	
VIZCONDESA	De cualquier cosa, una azumbre	
	que para mí es una pizca.	
GALLEGO	Eche gusté[35] en esta alcuza	250
	de ese aceite una panilla[36].	
ALCALDE	Alarga la mano, Chicho,	
	que tu madre fue mi tía.	
VIZCONDE	Beban y alégrense todos,	
	que hermanos como yo no chistan	255
	por indecencias de vasos.	
TODOS	¿Pues, por qué?	
VIZCONDE	Por cantarillas[37]	
TODOS	¡Qué bien sabe!	
VIZCONDE	Chicho, ahora	
	levántate, por tu vida,	
	y arma el baile.	
TRUFALDÍN	Yo non poso,	260
	tengi uni pati pudrida	

Instrumentos

VIZCONDE	Levántate, que la orquesta	
	se echa con su bulla encima.	

---

[33] Interjección para procurar la atención de alguna persona o para llamarla (*DA*).

[34] Distintos tipos de vino. «Carraspati» se refiere a «carraspato», una bebida compuesta de vino tinto aguado, o del pie de este vino con miel y especias.

[35] Usted.

[36] Medida de capacidad que se usa solo para el aceite y es la cuarta parte de una libra.

[37] Vasija de barro del tamaño de una jarra ordinaria y boca redonda.

TRUFALDÍN	Non poso afirmar il piede[38]
VIZCONDE	¿Qué va que me encolerizas? 265
	¡Ea, pónganse en sus puestos!
	¡Vamos, Chicho!
TRUFALDÍN	Si porfía…
	ballo con silli y con tuti.
VIZCONDE	Más que bailes con tarima,
	con silla, vasos y mesa, 270
	como hagáis dos mudancitas,
TODOS	en aplauso de la unión
	de Carlos y de Felipa.

Transformación. En el preludio se transforma la mesa en un pabellón y, empezando el baile, dance el trufaldín sin dejar la silla hasta al fin. Se hunde y los demás se entran y se da fin

---

[38] El trufaldín afirma que no es capaz de tenerse en pie y, aun así, le obligan a hacer el baile, aunque sea apoyado en una silla.

ACTO SEGUNDO

Escena I

Hércules en un caballo de fachada con dos timbales dorados midiendo en movimiento suave y continuo el aire y, al compás del aria, tocándolos, y de la una y otra parte Ceto y Calais con espadas y rodelas, y de la otra las dos arpías combatiéndose en vuelo sucesivo de suerte que los golpes lleven el compás mismo que Hércules
Aria

HÉRCULES		
	Al arma, ligeros	
	campeones del aire,	
	y nuestro desaire,	
	se logre vengar.	
	Los golpes severos,	5
	el ruido impensado,	
	de los instrumentos	
	que Marte me ha dado	
	los han de aturdir,	
	herir	
	y matar.	10
	Al arma, ligeros, etc.	

En lo que dura el retornelo último de la aria[1] se apea Hércules y salen Ceto y Calais
Recitado

¡Victoria[2]! ¡Que triunfamos!

---

[1] BNE: *del aria.*
[2] BNE: *Vitoria.*

	Y tan dichosos fuimos,	
	que a la deidad que adoro conseguimos	
	obsequiar y servir.	
CETO	Tus pies besamos,	
	y a dar las nuevas de tu triunfo vamos[3],	15
LOS 2	Guárdete el cielo.	
Vanse		
HÉRCULES	Ya las tristes aves,	
	enemigas de Ónfale y de Fineo[4],	
	con pecho vengativo y rostro humano,	
	son de Alcides estrago. Mas, ¿qué veo?	

Escena II

Teseo con cadena al pie y Hércules[5]

[HÉRCULES]	¿A dónde vas Teseo,	20
	oprimiendo tu pie hierro tirano,	
	cuando yo canto otro blasón ufano?	
	¿Qué triste rostro es ése, y qué cadena	
	la que tu planta oprime?	
	Dime, ¿qué es esto? Dime.	25
TESEO	Sí haré, si es que mi voz cabe en mi pena.	
	Ya sabes que de Elena,	

---

[3] En la versión manuscrita de BNE aparecen los siguientes versos a continuación con una marca, quizá indicando su eliminación, como luego resulta en la impresión del texto de BnF.

[CETO]	si tú nos lo permites.
CALAIS	No es razón que nos quites
	esta acción por testigos de tu gloria.
HÉRCULES	Parta el premio pues parto la vitoria.
	Id ante aquel objeto soberano
	de mi noble fineza.
	Sellad la tersa nieve de su mano,
	que en eso acaba el galardón que empieza
	a daros su hermosura,
	pues no hay bien que se iguale a tal ventura.

[4] Fineo fue rey de Bitinia, y se desposó en segundas nupcias con Idea, hija de Dárdano. Esta, que odiaba a los hijos que Fineo tuvo con su primera esposa, los acusó de conspirar contra su padre que, furioso, les sacó los ojos y expulsó de palacio. En castigo por esta crueldad, los dioses cegaron a Fineo y ordenaron a las arpías que le persiguieran implacablemente.

[5] BNE no indica aquí la participación de Hércules en esta escena. Asimismo, ni BNE ni BnF indican que el parlamento inicial de la escena sea suyo, pero no podría ser de otra forma.

yo y Pirítoo la beldad robamos,
y que antes concertamos,
que aquel a quien tocase   30
al otro en otra empresa acompañase.
Cúpome a mí la suerte
y Pirítoo, a quien amor inclina
a la sacra beldad de Proserpina,
esposa de Plutón, bajó conmigo   35
al reino del espanto.
Mas no logrado el fin, se agravió tanto
Júpiter de esta ofensa,
que hoy toma de los dos la recompensa
habiéndonos llevado   40
donde decreta el riguroso hado,
que Plutón en prisiones nos mantenga
hasta que fin la controversia tenga,
en que por causa nuestra el cielo se halla.

HÉRCULES   ¿Conque a Ónfale con eso?
TESEO   Calla, calla...   45
y pues eres mi amigo,
siente el dolor que sufro y que no digo.
Mi mal te compadezca y no te agrade.

HÉRCULES   ¿Cómo se persuade
tu amante sentimiento   50
que yo fundo mi gloria en tu tormento?
¿Pero podré decirla[6] tu desgracia?

TESEO   Di que perdí su gracia,
di que no veré más su rostro hermoso,
di que esto solo llora   55
quien su hermosura adora,
y ya la pierde porque ya es forzoso,
y aun si procedes noble y generoso.

Aria

            Di que ya muerto estoy, pero me queda
el alma en que el amor viva constante.   60
            Di que sin ser habrá quien amar pueda,
pues es[7] amor quien da ser al amante.

---

[6] Laismo. Decir a Ónfale.
[7] Añadido sobre el verso manuscrito en BNE y la corrección se respeta en BnF.

Di que ya muerto estoy, etc.

Vase

Escena III

Hércules solo

HÉRCULES   No diré tal, ni porque tus anhelos
                  sienta podré sufrir que me des celos,
                  ni que el cielo me impida tu castigo.   65

Escena IV

Pirítoo y Hércules con cadena[8]

PIRÍTOO   Pues ampárame a mí que soy tu amigo
HÉRCULES[9]   ¡Ay Pirítoo amado!
                  ¿También tú comprendido
                  eres en el cruel decreto dado?
PIRÍTOO   Sí, Alcides, y a tu diestra favor pido,   70
                  y pues amo rendido
                  a Electra soberana,
                  al contrario del ruego de Teseo,
                  sea obsequiarla tu continuo empleo.
                  Para mí su favor conquista y gana.   75
HÉRCULES   Esta cadena indócil e inhumana
                  no basto a deshacerla[10].
PIRÍTOO   No sin tener permiso de romperla.
HÉRCULES   ¿Quién os guía al Leteo[11]? ¡Yo estoy loco!
PIRÍTOO   Fuerzas que tú no ves, y que yo toco.   80
HÉRCULES   Pues poco he de valer u de aliviarte[12],
                  y pues no puedo verte sin librarte,
                  porque la compasión rompe mi pecho,
                  puedes ir satisfecho
                  de la obediencia y el[13] afecto mío.   85

---

[8] BnF: *Hércules y Pirítoo. Con cadena asimismo al pie sale Pirítoo.*
[9] Falta esta línea (atribución de parlamento y verso) en BnF.
[10] No consigo deshacerla.
[11] BnF: *Lecteo.*
[12] BNE: *u he de aliviarte.*
[13] BNE: *del.*

ESCENA V

Pirítoo solo
PIRÍTOO   ¡Ay de quien va a gemir sin albedrío,
                   no la pena que ignora,
                   si no es la ausencia de la luz que adora!

Aria
                       El tronco a quien el viento
                   a derribar aspira,   90
                   solo al correr suspira
                   y luego calma.
                       Mas —¡ay!— que es vano intento
                   que su quietud adquiera,
                   si hoguera sobre hoguera,   95
                   otro abismo de amor
                   llevo en el alma.
                       El tronco a quien el viento, etc.

ESCENA VI

Repítese el salón con apartamiento de Ónfale
Ónfale, Electra y Pizpireta
ELECTRA   Ceto y Calais aguardan
                   tu permiso.
ÓNFALE   ¿En qué tardan,
                   si vienen con Teseo?   100
ELECTRA   Sin él los vi, mas dicen que un trofeo,
                   que de Hércules el brazo ha conseguido,
                   llegan a noticiarte.
ÓNFALE   Aunque haya sido
                   el mayor, no apetezco esos despojos
                   cuando Teseo falta de mis ojos.   105
ELECTRA (*aparte*) Que Alcides, a quien tengo una fe pura,
                   ame mujer de condición tan dura...
ÓNFALE   Electra, yo estoy ciega.
                   La razón mía en mi dolor se anega,
                   diles que entren y calla mi quebranto   110
ELECTRA   Ya te obedezco.

ESCENA VII

Pizpireta y Ónfale

PIZPIRETA	¿Vuelves a tu llanto?	
ÓNFALE	¿Qué he de hacer, Pizpireta?	
PIZPIRETA	Mira, tú eres discreta,	
	mas tu trato con hombres, importuno.	
	¿Qué dama tiene solamente uno?	115
	Si es que a la diversión el gusto salta,	
	¿quién la ha de consolar si aquel le falta?	
ÓNFALE	Déjame que estás necia y atrevida.	
PIZPIRETA	Anda, que tú eres ya cosa perdida.	

Aria

ÓNFALE	Al coger la fresca rosa,	120
	suele la mano temerosa,	
	con la espina tropezar.	
	Así ha sido mi fineza,	
	cuando a ser feliz empieza,	
	muere al golpe de un pesar.	125
	Al coger la fresca rosa, etc.	

Vase

ESCENA VIII

Ónfale, Electra, Ceto, Calais, Hércules, Coscorrón y Pizpireta

ELECTRA	Este pliego, un soldado	*(da la carta*[14]*)*
	que para Hércules viene me ha entregado.	
ÓNFALE	¿De quién es?	
ELECTRA	De Euristeo,	
	y entran Ceto y Calais.	
ÓNFALE	Mientras le[15] leo,	130
	aunque sin su permiso,	
	pues de un contrario es recelar preciso,	
	diviértelos un rato.	
HÉRCULES	Yo soy quien darla[16] la noticia trato,	*(a Electra)*

---

[14] BnF: *da la una carta.*
[15] Nuevo caso de leísmo.
[16] Laísmo.

de que del riesgo que lloraba sale.   135
¡Viva Ónfale, soldados!

A CUATRO   ¡Viva Ónfale!

Ónfale ha estado leyendo y hace que moja la oblea[17] y vuelve a cerrar la carta[18]

ÓNFALE   ¿Qué aclamación es esta?

HÉRCULES   Mi amante obsequio te dará respuesta.
                Desterré las arpías y has vencido,
                aunque a tu vista llego condolido   140
                de una desgracia inmensa.

ÓNFALE   Solo mi pecho en infortunios piensa.
                Habla, Alcides, y sácame del susto.

HÉRCULES   Más que mi pena siento tu disgusto.
                Pirítoo y Teseo,   145
                por decreto del hado,
                al abismo han bajado,
                a la cárcel eterna del Leteo.

ÓNFALE   ¿Qué dices? ¡Muerta soy!   (*desmáyese*[19])

HÉRCULES   Cielos, ¿qué veo?

ELECTRA   El aliento ha perdido.   150

COSCORRÓN   Es que juzga quedarse sin marido.

CALAIS   ¿Señora?

CETO   ¿Ónfale?

PIZPIRETA   ¿Aquesta es la caricia?
                Mal hayas tú, tu boca y tu noticia.

HÉRCULES   Sol a quien Clicie[20] reverente sigo,   155
                oye mi voz.

ÓNFALE   El cielo sea conmigo.
                Hércules...

HÉRCULES   ¿Gran señora?

ÓNFALE   ¿Tú afirmas que mi obsequio amas y quieres?

HÉRCULES   Tu pensamiento mi respeto[21] adora.

ÓNFALE   Pues ahora, señor...   160

HÉRCULES   Prosigue.

ÓNFALE   Ahora

---

[17] Sello.

[18] BNE: *Ha estado leyendo Ónfale y hace que vuelve a cerrar la carta.*

[19] BNE: Cae.

[20] Clicie es el resultado de la metamorfosis de Tetis para probar el amor de Peleo. Véase Agustín de Salazar y Torres (2006).

[21] BnF: *respecto.*

	he de ver si bizarro y fino eres.	
	Tú has de bajar al reino temeroso	
	donde manda Plutón…	
HÉRCULES	Dificultoso	
	intento, y arriesgado.	165
ÓNFALE	…y traerme, a pesar del cielo y hado,	
	a Teseo a mi vista.	
HÉRCULES	Anhelando, señora, a igual conquista,	
	por piedad solamente,	
	consulté a Jove y solo me consiente	170
	su oráculo —así habló—, que siendo alguno	
	el que intente salvar ha de ser uno	
	de los dos prisioneros.	
	Yo y Pirítoo somos compañeros	
	tan finos, que es preciso amor me incite,	175
	y este vuestra piedad no me compite;	
	Teseo logra todo vuestro aprecio,	
	¿cómo he de ser tan necio	
	que a un amigo del alma el bien dilate,	
	y a mi enemigo ayude a que me mate[22]?	180
ÓNFALE	Porque lo mando yo, que ya soy dueño	
	de la obediencia vuestra[23].	
HÉRCULES	¿Cómo podré salir de tanto empeño?	(aparte)
	Pero, ¡albricias!, que hallé máxima diestra	
	que me excuse.	
ÓNFALE	¿No habláis?	
HÉRCULES	Yo os intentara	185
	servir, y los abismos penetrara,	
	pero no puedo entrar en tal empleo	
	sin orden positiva de Euristeo.	
ÓNFALE	¿y no hay otro embarazo[24]?	
HÉRCULES	No, señora.	
ÓNFALE	Miraldo[25] bien.	190
HÉRCULES	¿Pues eso, quien lo ignora?	

---

[22] BNE: *a que él me mate?*

[23] Se debe recordar aquí cómo precisamente en *El cortesano* de Castiglione se trata de este mismo tema. Es decir, aprovechar el momento de dificultad del rival amoroso para hundirlo más.

[24] Impedimento.

[25] Miradlo.

ÓNFALE	Sea respuesta mi agradecimiento.
HÉRCULES	¿De qué?
ÓNFALE	De que sois noble y sois atento.
	Presto a servirme vuestro esfuerzo parta.
HÉRCULES	¿Cómo?
ÓNFALE	Vos lo sabréis viendo esa carta.	195

Escena IX

Hércules solo

HÉRCULES   ¿Qué carta es, cielos, la que trae[26] mi muerte?
              rompo la nema[27] y dice de esta suerte:
    (Lee)   «Si has de ceñir el último laurel,
              descendiendo al abismo sacarás
              al Cancerbero y, para entrar en él,   200
              por Atlante el permiso lograrás,
              quien tiene a cargo tu inmortal honor.
              Euristeo, tu dueño y señor».

Aria

              ¿Qué es esto, aleve estrella?
              ¿A quién se le ha ordenado   205
              (mi enojo[28] me atropella)
              que se haga desdichado?
              El pliego rasgaré.
              Mas ¿para qué, pesares, para qué?
              Si ya mis tristes ojos   210
              el tósigo[29] bebieron
              (¡oh, pese a mis enojos[30]!)
              y tan esclavos fueron
              que es fuerza que obedezca,
              que gima, que padezca,   215
              mi enamorada fe.
              ¿Qué es esto, aleve estrella?, etc.

(Vase)

---

[26] BnF: *tray.*
[27] Cierre o sello de una carta.
[28] BnF: *enejo.*
[29] Veneno.
[30] BnF: *enejos.*

ESCENA X

Electra, Coscorrón, Pizpireta y Ónfale y después Hércules[31]

ÓNFALE	¿Lo has oído?
ELECTRA	Ya, Ónfale, lo he escuchado.
ÓNFALE	Alcides va quejoso y despechado.
ELECTRA	¿Qué te espantas, pues pierde tu belleza

si te obedece con librar tu amante   220
Y si no te obedece,
y tu ceño[32] padece?
Por no morir a fallecer empieza.

ÓNFALE   La implicación ilustra la fineza,
que amar su bien cuando a otra ley le ciño,   225
es conveniencia en traje de cariño.

ELECTRA	Tú te entiendes.
ÓNFALE	Y juzgo, que no es poco.
PIZPIRETA	Hércules, de esta vez, se vuelve loco.

Aria

ÓNFALE   Si es que hay remedio
para tal daño,   230
si no me engaño,
ya le encontré[33].
                   Y aunque es estraño
—¡oh Electra mía!—,
de amor confía,   235
le[34] lograré.
                   Si es que hay remedio, etc.[35]

ELECTRA   No lo permita el cielo
(Sale Hércules)

HÉRCULES   ¿A dónde va la furia que me inflama?
ELECTRA   Hércules noble, pues que va tu anhelo
a obedecer a Ónfale y a tu fama,   240
sírveme a mí también, dama por dama;
y cumpliendo la ley de agradecida,

---

[31] En BNE no menciona a Hércules aunque sí sale, efectivamente, después.

[32] Demostración de enfado y enojo que se hace con el rostro.

[33] Mantengo el leísmo característico de Cañizares tanto aquí como cuatro versos más abajo en «le lograré».

[34] Leísmo.

[35] BnF: *si avrá remedio, etc.*

	podrá encontrar mi vida	
	un bien que callo y mudamente sigo.	
HÉRCULES	¿Y cuál es?	
ELECTRA	¿Qué sé yo lo que me digo?	245
	Si un femenil precepto te ha obligado	
	a librar a Teseo,	
	otro se conformó con tu cuidado.	
	Consiga Pirítoo este trofeo.	
HÉRCULES	¡Ay Electra! Me veo	250
	en tal estado por Ónfale ingrata	
	que, hallando que me mata,	
	puesto de parte de ella,	
	contra mi vida voy a obedecella.	
COSCORRÓN (*aparte*)	Yo bajar al abismo desacoto[36],	255
	que eso entra en costa.	
PIZPIRETA	Pues, según lo noto,	
	como yo os lo mandara...	
COSCORRÓN	Ni a un sótano me echara,	
	que yo, con tu belleza, a paso quedo[37]	260
	corro hasta reventar, pero no ruedo.	
PIZPIRETA	Extraña bestia.	
COSCORRÓN	Es que me quiero mucho.	
ELECTRA	Último desengaño a quien escucho,	
	para cobrar aliento,	
	reduce a la razón el pensamiento.	265

Aria

Va la abejuela[38] de rama en rama,
y en vano vuela porque no hay flor.
    Así sucede si ama quien ama
un pecho, el cual,
            solo es leal,
con otro afecto, con otro amor.   270
    Va la abejuela de rama en rama, etc.

---

[36] Apartarse del concierto o de lo que se está tratando.
[37] Poquito a poco.
[38] BnF: *objejuela*.

Escena XI

Coscorrón y Pizpireta

PIZPIRETA	¿Qué le parece a usté todo este ruido?
COSCORRÓN	Que en buena gresca Alcides se ha metido,
	que es un gran majadero,
	y que si él va a buscar al Cancerbero,
	yo, tu cara divina,
	pues eres, para mí, perrita fina.
PIZPIRETA	¿No harás tú por mi amor alguna hazaña
	pues mi esposo has de ser?
COSCORRÓN	A la campaña,
	pide por esa boca, probrecilla.
PIZPIRETA	Pues tres doblones cuesta una cotilla[39],
	cómpramela, querido, prontamente[40].
COSCORRÓN	qué me da…, qué me da…
PIZPIRETA	¿Qué?
COSCORRÓN	Un accidente.
PIZPIRETA	¿Dónde?
COSCORRÓN	En el corazón, donde contadas,
	los tres doblones son tres puñaladas.
PIZPIRETA	¡Apártate de ahí, miserablote!
COSCORRÓN	Hija, no quiero boda si no hay dote.
PIZPIRETA	¿Por qué?
COSCORRÓN	Tengo hecha cuenta y he sabido,
	que sale así la suma del marido:

Aria

La media, el calzado
son treinta, parece;
la saya son trece,
son ciento el criado,
dos mil es el traje,
tres mil la matrona,
si hay otra persona
que, al fin, nacerá.
y pide los dijes diciéndome: gua, gua[41].

Líneas de margen: 275, 280, 285, 290, 295

---

[39] Ajustador que usaban las mujeres formado de lienzo o seda y de ballenas (*DRAE*).

[40] BNE: *promptamente*.

[41] Onomatopeya del llanto del bebé.

Después, la visita,
parienta que casa[42],   300
el cuarto alquilado,
función[43] que allí pasa,
la moda exquisita,
paseo y estrado.
Aún no estoy casado, y asado estoy ya.   305
La media, el calzado, etc.

PIZPIRETA   Pues que no se hable más de esta materia.
COSCORRÓN   Oyes, ¿te has puesto seria?
PIZPIRETA   La culpa tengo yo...
COSCORRÓN   Más que lo siente,
PIZPIRETA (*llora*) ... que puse fácilmente   310
mi inclinación en un salvaje burro.
COSCORRÓN   ¡Ay dios, que llora y yo me despachurro[44]!
PIZPIRETA   Mas las mujeres somos desdichadas.
COSCORRÓN   No llores, hija, y dame de patadas.
Aria
PIZPIRETA   Déjeme estar,   315
que no ha de ser,
él a pasear,
yo a conocer
su sinrazón.
Fuego en los hombres   320
que tales son.
    Muy zalameros
y enamorados,
luego casados,
hablan severos   325
y echando fieros
andan las coces
y el torniscón[45].
Déjeme estar, etc.
COSCORRÓN   ¡Aguarda, picarilla de mis ojos[46]!

---

[42] Ocupa y abroga.

[43] Concurrencia de algunas personas en una casa particular, por el cumplimiento de años, convite u otra cosa semejante (*DA*).

[44] Coloquialmente, dejar a alguien sin réplica.

[45] Golpe que se da en la cara con el revés de la mano.

[46] Este verso de BNE está omitido en BnF.

	¡Sosiégate, mi bien!	
PIZPIRETA	¡Ea!, no quiero.	330
COSCORRÓN	Pues el amor, sabroso confitero,	
	esa boca labró de mermelada,	
	dime un requiebro.	
PIZPIRETA	¡Mala puñalada caiga!	
COSCORRÓN	¿Sobre qué pecho?	
PIZPIRETA	Que te pillo...[47]	335
	¡Sobre quien te haga mal, Coscorroncillo!	

Dúo

COSCORRÓN	¿Conque esto acabó?	
PIZPIRETA	Pues no si no es no	
COSCORRÓN	¿Y mueres por mí?	
PIZPIRETA	¡Pues claro que sí!	340
LOS DOS	Ya no andaré yo en fue, qué no fue,	
	qué tornó, qué volvió...	
COSCORRÓN	¡Ay, dios, qué alegría!	
PIZPIRETA	¿Tú mío?	
COSCORRÓN	¿Tú mía?	
LOS DOS	Ro-ro[48], que me arrullo contigo, ro-ro.	345

Escena XII

Repetida la mutación de jardín, sin las fuentes, aparece en el foro un pedazo de monte. Sobre él, Atlante sosteniendo el globo esférico celeste, y sale Teseo, solo, abriendo[49] una boca de una gruta

TESEO	Infaustos yerros, míseros despojos	
	de la cautividad que amante siento,	
	pues hasta aquí no más hubo esperanza	
	de ver a Ónfale y mi cruel tormento,	
	a resistir no alcanza el decreto del hado ejecutivo.	350
	Aquella horrible gruta,	
	que el viento de vapor funesto enluta	
	un cadáver de amor sepulte vivo,	
	y logre Alcides la fortuna mía.	

---

[47] En BnF este verso se pone por error en boca de Coscorrón.
[48] Interjección que se repite para arrullar a los niños.
[49] BnF: *aviendo*.

¿Pero yo digo tal? ¡Oh tiranía de mi cruel estrella!   355
¿A dónde Ónfale estás? ¡Ay de mí y de ella,
si es que dura su amor, pues da la suerte,
a dos vidas, un género de muerte.

Aria

    Canta el cisne y, anunciando
su tragedia, está mezclando   360
dulce el llanto y el gorjeo[50].
    Así yo, con tu memoria,
canto, Ónfale, pena y gloria;
pienso en ti, mas no te veo.

Escena XIII

Hércules, Coscorrón y Atlante

HÉRCULES	Ya Coscorrón llegamos	365
	donde sostiene Atlante el orbe entero.	
COSCORRÓN	Llámale celestial esportillero[51],	
	que si la carga suelta,	
	estrellas, Luna y Sol, dando la vuelta,	
	pegan un batacazo,	370
	y se aplastan los dioses del porrazo[52].	
HÉRCULES	Pues quise que hasta aquí me acompañaras,	
	porque a Ónfale mi arrojo noticiaras,	
	en llamándole yo, vete al instante.	
COSCORRÓN	Agradézcolo mucho.	
HÉRCULES	Insigne Atlante,	375
	por orden de Euristeo,	
	para bajar al erebo[53] espantoso,	
	el permiso me saca del piadoso	
	Júpiter.	
ATLANTE	Ya complazco a tu deseo.	

---

[50] Dicho de un pájaro, su canto característico, triste en este caso por tratarse de un cisne debido a la creencia de que los cisnes cantaban una bella canción en el momento justo anterior a su muerte.

[51] Ganapán, mozo del trabajo que anda acarreando con una espuerta o esportón, lo que se le manda (*DA*).

[52] BNE: *del Parnaso*.

[53] Infierno, averno.

HÉRCULES	Coscorrón, ¿quieres irte?	
COSCORRÓN	Yo lo creo;	380
	ireme por no verte enamorado,	
	y en tales disparates empeñado[54].	

Escena XIV

Hércules y Atlante

HÉRCULES	¿A qué tu esfuerzo espera?	
ATLANTE	A que mantengas tú la azul esfera	
	mientras yo te obedezco.	385
HÉRCULES	Sí haré, mas… ¡Ay de mí, que desfallezco	
	al peso que me oprime!	
	El pecho tiembla y el aliento gime,	
	y, porque no presumas	
	que es falta de valor, no contradigo.	390
ATLANTE	Ya sabes, Jove, lo que yo no digo.	

Escena XV

Ábrese el globo encubriendo a Hércules. Múestrase a Júpiter en una gloria[55] con un papel en la mano y sube en la punta del monte Atlante hasta tomarle y vuelve a bajar[56]
Júpiter y Atlante
Aria

JÚPITER	Dale el decreto	
	cruel del hado,	
	pues se creyó	
	que Pirítoo	395
	le habrá logrado,	
	Teseo no.	

---

[54] Originalmente en BNE estos dos versos eran: «yreme por no oyr tan mesurado / cantar entre mujeres un barbado» pero fueron tachados y sustituidos por estos que parecen de la misma mano. No obstante, estos versos desechados en el manuscrito son los que luego aparecen impresos en BnF. Pensamos que la corrección de BNE es acertada y más acorde con la escena que sigue a continuación.

[55] En pintura, rompimiento de cielo, en que se representan ángeles, resplandores, etc.

[56] BnF: *bolviendo a baxar.*

Y así, de Ónfale,
la hermosa mano
no alcanzará,   400
y mi cuidado
queda vengado
y airoso yo.
      Dale el decreto, etc.

ESCENA XVI[57]

Hércules y Atlante
Ciérrase el globo con Júpiter y baja Atlante[58]

ATLANTE   Toma (*dale el decreto*), y desciende al erebo seguro,
                 mientras a sustentar los orbes vuelvo.   405

HÉRCULES   Pues aún no me resuelvo,
                 a la obediencia que observar procuro,
                 u de amistad o amor a hacer alarde.
                 Me parto, Atlante, adiós.

ATLANTE   Jove te guarde.

ESCENA XVII[59]

*Mutación del abismo con forro cerrado en que se fingen las puertas del palacio
de Plutón lo más horrorosas que se puedan*[60] *y, sobre ellas, las furias, y salen Teseo y
Pirítoo*

A CUATRO   Aquí es donde la noche   410
                 eternamente vive,
                 tan solo se recibe
                 a quien perdió su ser.
                  Las aguas del Leteo,
                 no dejan otro empleo,   415
                 que el gemir, el sentir y el padecer.

TESEO   Mientes, infausta voz, miente tu acento,
                 que te arguye en contrario mi tormento.

---

[57] Por error BnF equivoca aquí la numeración repitiendo el número XV.
[58] BnF: *Baja Atlante encubriéndose Júpiter con el globo.*
[59] Se continúa aquí el error de numeración de las escenas en BnF apareciendo esta como XVI.
[60] BnF: *pueda.*

PIRÍTOO   Engáñaste, fatal dura armonía,
                   que lo opuesto conoce la fe mía.   420

TESEO   Es alma que me anima la memoria
                   de mi pasada gloria.

PIRÍTOO   Mi espíritu no fuera lo que ha sido
                   si en mí cupiese olvido.

TESEO   Conque si la memoria me quitaras,   425
                   alma no hubiera en donde te vengaras.

PIRÍTOO   Conque si olvido en mi pasión cupiera,
                   no fuera yo infeliz, pues nada fuera.

LOS DOS   Y así, di que del logro satisfecho
    (Saliendo Hércules) ha de triunfar en un valeroso pecho.   430

TESEO   ¿Qué oráculo me habló?
PIRÍTOO   ¿Quién me responde?

[Hércules] Viene luchando con el Cancerbero y lo ata con su cadena[61]

HÉRCULES   Aun del imperio del sol se esconde,
                   y aun de ti, fiera horrible.
                   ¡Muerde! ¡Muerde mi clava si es posible,
                   imagen de la envidia fementida!,   435
                   pues no darás bocado sin herida.
                   Y pues te he sujetado,
                   quedarás aquí atado
                   mientras voy a lograr mejor trofeo.
                   Pero, ¿qué miro?, ¿Pirítoo?, ¿Teseo?   440

TESEO   ¡Hércules invencible!
PIRÍTOO   ¡Amigo generoso!
HÉRCULES   No me habléis y escuchad: ¡Oh poderoso
                   rey del báratro[62] obscuro,
                   en nombre de los dioses te conjuro!   445

Aria

                   Franquea el triste espacio
                   del fúnebre palacio,
                   a quien te baja a ver.

A CUATRO   Aquí, donde la noche
                   eternamente vive,   450

---

[61] BnF: *Sale trayendo atado con una cadena al Cancerbero y peleando con él hasta dexarle atado*. Preferimos la fórmula de BNE que no contiene la contradicción sobre el momento del encadenamiento del Cancerbero.
[62] Infierno.

	tan solo se recibe	
	a quien perdió su ser.	
HÉRCULES	Es fuerza que me admitas,	
	pues el consuelo evitas,	
	que alguno ha de tener.	455
A CUATRO	Las aguas del Leteo	
	no dejan otro empleo	
	que el gemir, el sentir y el padecer.	

Escena XVIII[63]

[*Plutón, Hércules, Teseo, Pirítoo*]
Ábrese la puerta del abismo. Véese a Plutón sentado en un trono majestuoso[64]

PLUTÓN	Esta es la vez primera que es flexible	
	mi duro imperio, mi poder terrible,	460
	pero pues traes decreto de que intentes	
	librar uno de dos que están presentes,	
Aria		
	Elige luego	
	y vete, Alcides,	
	de esta mansión.	465
	Que no consiente	
	ningún viviente,	
	la que es del fuego,	
	jurisdicción[65].	
HÉRCULES	Aquí, cielos, aquí, de mi quebranto,	470
	mi confusión.	
TESEO	¿En qué te paras tanto?	
	Elige a Pirítoo, que es tu amigo.	
PIRÍTOO	Te debo a Electra, si tus pasos sigo.	
TESEO	El amor voy de Ónfale a competirte.	475
PIRÍTOO	Yo, a obsequiarte y servirte.	
TESEO	Si has de obligarme porque yo la ceda,	
	no es posible que pueda.	
HÉRCULES	¿Aunque te dé la vida?	

---

[63] BnF: Recupera aquí la numeración adecuada de las escenas.
[64] BnF: *Ábrese las puertas véese a Plutón sentado en trono de majestad.*
[65] BNE: *jurisdición.* BnF: *juridicción.*

TESEO	Perdida Ónfale, téngola perdida.	480
HÉRCULES	Pues ven tú, Pirítoo. ¿Mas qué intento	
	yo causar en Ónfale un sentimiento?	
TESEO	Si pues amor es fuerza que te obligue…	
HÉRCULES	Esto ha de ser. Teseo, tú me sigue.	
	Pero no, tente… espera[66].	485
	¿Qué hiciera, dioses, yo?	
LOS DOS	Lo que yo hiciera	

Dúo

TESEO	Primero es el amor.	
PIRÍTOO	Primero es la amistad.	
TESEO	Procura no atender…	490
PIRÍTOO	Intenta[67] defender…	
LOS DOS	una belleza[68].	
TESEO	A Ónfale perderás,	
PIRÍTOO	Mi afecto ofenderás,	
TESEO	si quieres complacer…	495
PIRÍTOO	si faltas por querer…	
LOS DOS	a tu fineza[69].	
PLUTÓN	Di, ¿qué has determinado?	
HÉRCULES	De contrarios afectos impelido,	
	el amor ha vencido.	500
	Viva infeliz y muera desdichado.	
	Perdona Pirítoo, que ha triunfado	
	Ónfale soberana.	
	Perderla quiere, airosamente ufana,	
	mi obediencia rendida.	505
	Ven, pues, Teseo, y quítame la vida.	
TESEO	No haré tal que también hay en mi pecho	
	valor que iguale al tuyo.	
HÉRCULES	Ven, monstruo horrible, ven a tu despecho.	
	¡Ay, Pirítoo, de tus ojos huyo!	510
	Queda, Plutón, en paz.	

---

[66] BnF: *Pero detente, espera*. Este es también el verso que aparece originalmente en BNE pero luego se tacha y corrige por el que aquí reproducimos.

[67] Tachado, «procura».

[68] En BnF este verso lo canta únicamente Pirítoo.

[69] En BnF únicamente Pirítoo canta este verso.

Escena XIX

Plutón y Pirítoo

PIRÍTOO	¡Oh, amigo ingrato!
PLUTÓN	Síguelos tú también, que de igual trato
	de Jove la deidad está ofendida
	y, así, me ordena que te dé la vida[70].

515

PIRÍTOO	¿Y qué dirá quien el suceso lea?
PLUTÓN	Que no fue así, pero es razón que sea.

Escena XX

Mutación de templo calado[71] de Júpiter y, en la lontananza, un ara sobre la cual está un trono de resplandor movible en que a su tiempo ha de venir caminando Júpiter y salen Ónfale, Electra, Ceto, Calais, Coscorrón y Pizpireta y las comparsas se ponen en los espacios delante y cantan[72]

A CUATRO   Pues Hércules logró ya
la última de sus lides,
y hoy de su amor triunfará,   520
¿quién duda que está será
la hazaña mayor de Alcides?

ELECTRA   Pues al templo has venido,
sin duda en él hoy premias a Teseo

ÓNFALE   Antes hoy le he perdido,   525
que si una carta motivó el empleo
en que Alcides me sirve con su daño,
otra me trujo a mí mi desengaño.

Aria

Del corazón más pérfido,
amando la lealtad,   530
creí que era verdad
su fingimiento.
Mas ya con la noticia
de su infidelidad,
haberle dado oído   535

---

[70] Este verso sustituye a otro tachado que dice: «pues puedo hazerlo te e dar la vida».

[71] Vale lo mismo que encalado. Más detalles sobre esta mutación en López Alemany y Varey (2006: 221).

[72] BNE: *se ponen delante y llenan los espacios.*

es lo que siento.

Del corazón más pérfido, etc.

Con el ritornelo de esta aria va viniendo la tramoya de Júpiter y dejando varios adornos y descendiendo ocho tramoyas con ocho ninfas, así que llegan al tablado los adornos de nubes, se transmutan en un jardín y salen Teseo, Pirítoo y Hércules

ESCENA XXI[73]

Júpiter, Hércules, Teseo y Pirítoo y los de antes

JÚPITER	Aun contra mí, te quiero ver dichoso.	
HÉRCULES	Ya cumplí mi palabra, ingrata hermosa.	
	Teseo está presente;	
	logre tu mano y muera yo.	540
ÓNFALE	Detente,	
	que al ver la bizarría	
	con que tu vida expones por la mía,	
	te agradezco el afecto generoso	
	con que traes a mis pies un alevoso.	
TESEO	¿Yo alevoso? ¿Qué escucho?	
ÓNFALE	Si la pena	545
	que os dan os lisonjea la memoria,	
	pues la hermosura la causó de Elena,	
	en evitarla, os estorbé una gloria.	
TESEO	No puedo, mi infeliz sabida historia,	
	gran señora, negaros.	550
ÓNFALE	Hoy lo supe y hoy quiero perdonaros,	
	dando amor y traiciones al olvido.	
TESEO	Con razón mi desgracia os ha perdido.	
ÓNFALE	Pirítoo, mis brazos os reciban.	
PIRÍTOO	Por medio vuestro mis afectos vivan.	555
ÓNFALE	Pues premiaros, Alcides, es mi intento,	
	¿qué prenda anhela vuestro pensamiento	
	que os conceda mi pecho agradecido?	
HÉRCULES	Dame a besar tu mano, esta te pido.	
ÓNFALE	¿Pues yo no te la he dado?	560
	Mas, ¿qué he de hacer si tú te las has tomado	

---

[73] BNE: *Escena 21ª y última.*

	y Teseo por otra me enajena?	
PLUTÓN y NEPTUNO	Obedecer al hado que lo ordena.	
HÉRCULES	Dejarte venerar de quien te adora.	
COSCORRÓN	¡Alto a casar, que se casó, señora!	565
JÚPITER	No la logre Teseo, y el destino	
	dele a Alcides el bien que le previno.	
TESEO	Si algún consuelo en mi desgracia queda,	
	es que yo competir tu amor no pueda,	
	cuando la vida y libertad te debo.	570
HÉRCULES	A mi amistad te admitiré de nuevo.	
ÓNFALE [a Pirítoo]	Dale a Electra divina	
	la mano.	
PIRÍTOO	Mi fineza peregrina	
	a eso anhela.	575
ELECTRA	Confórmese mi suerte.	
COSCORRÓN	¿Quieres mi cuya ser?	
PIZPIRETA	¡Hasta la muerte!	
PLUTÓN y NEPTUNO	Pues en tan fausto día,	
	todo suene a placer.	580
CETO y CALAIS	Todo a alegría.	
JÚPITER	Y del que semidios la edad venera,	
	el dulce lazo aplaudirá la esfera,	
	pues mi poder no vale contra el hado.	
TESEO	Mi voz entone el cántico elevado[74]:	585
Solo		
	Viva el amor,	
	cuyo poder,	
	logra poner,	
	bien el honor.	
COROS[75]	¡Viva el amor! ¡Viva el amor!	590
PIRÍTOO	La unión gloriosa,	
PLUTÓN	viva dichosa,	
NEPTUNO	que a Hesperia amante,	
TESEO	la da constante	
CORO	nuevo esplendor	595
LOS DOS COROS A OCHO	La que es de Alcides,	

---

[74] Originariamente aparece «sagrado» en BNE, que luego es tachado y corregido por «elevado». Sagrado se mantiene aún, no obstante, en BnF.

[75] BNE: A cuatro «*Viva el amor, etc.*».

entre sus lides,
mayor hazaña,
cante de España,
gloria mayor[76].   600

---

[76] En el manuscrito de la BNE estos versos de los dos coros sustituyen a los que recojo más abajo y que, aunque tachados en el manuscrito, como en otros tantos casos, acaban impresos en BnF, probablemente porque las correcciones no constaban en la copia enviada a la imprenta.

[CORO]   ¡Viva el amor!
                                y en un assumpto
                                tan superior
TODOS LOS COROS   Pues Hércules logró
                                la última de las lides,
                                el perdón conseguirá
                                y el que lo logre será
                                la hazaña mayor de Alcides.